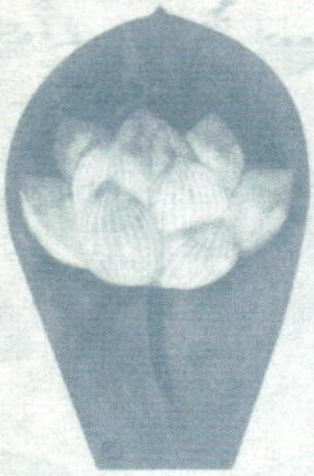
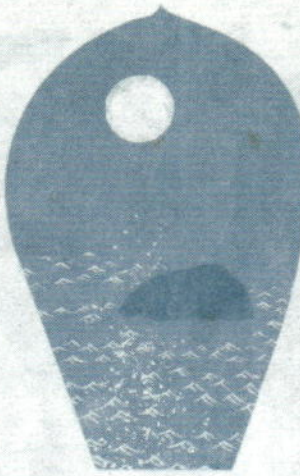

西国観音霊場・新紀行

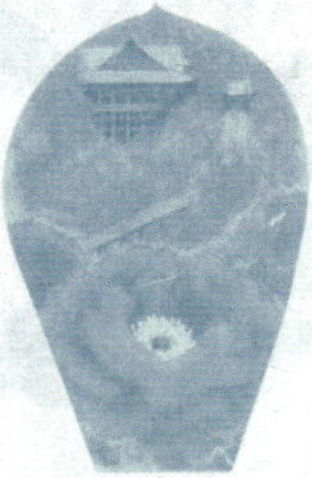

松本章男
Akio Matsumoto

大法輪閣

日本人と観音さま［序文に代えて］

山の神霊を父、観音さまを母とみて

この日本の国には、緑のふかい美しい山々が連なっている。

山々の様相が清らかで広大であるから、その山々と親しむところに、雲に乗るほどの清い自発心を養うことができる。順風のように自在な情動も山々があってくれるから起こってくる。皆さんもそういう感じ方をなさったことがあるのではないであろうか。

インドや中国では、遠い昔、山中にこもって観音さまを心に念じながら心身を鍛練した人たちが、清らかな人格を形成していた。その人たちを「古徳《ことく》」と呼ぼう。仏教が伝来したとき、多くの日本人がまず、観音さまと古徳の存在を知ったのである。上古代の日本人は、民族の主たる祖霊が神となって山中にとどまり、子孫の自分たちを守ってくれていると考えていたが、日本のその神霊にあたる存在の代表が、インドや中国では観音さまであることも分かったのである。

神霊は威厳にみちて猛々《たけだけ》しい。観音さまは柔和でいらっしゃる。最初に仏教を学んだ日本人は、数ある仏菩薩のなかで、どんなわがままをも聞いてくださりそうな、観音さまの優しさにいちばんの親しみをおぼえた。

神霊を父とみる。観音さまを母とみる。そこに日本の両義性の宗教価値観、神仏習合の思想が育っていった。

仏教伝来とともに、いろんな経典から観音陀羅尼《だらに》も人びとの知るところとなった。陀羅尼とは心身の鍛練にともなって生じる危険を解除してもらう呪文《じゅもん》である。多くの日本人がいちはやく、観音陀羅尼を唱えながら深い山々にこもり、心身の浄化をめざした。

陀羅尼の代表的な願文《がんもん》を挙げて、私の意訳を添えてみよう。

南無大悲観世音
願我速知一切法、　願我早得智慧眼
願我速度一切衆、　願我早得善方便
願我速乗般若船、　願我早得越苦海
願我速得戒定道《かいじょう》、　願我早登涅槃山
願我速会無為舎、　願我早同法性身《ほっしょうしん》

「観音さま。願わくは私に仏法のすべてを速やかに教え、私に智慧の眼をひらかせてください。生者のすべてを救いたいと思いますので、良い方法をさずけてください。私をさとりの世界にいたる船に乗せ、現世のこの苦海をわたらせてください。修行の妨げとなるものを遠ざけ、最上の安らぎが得られる山へ登りたいのです。そのために速やかに家を離れますから、私を古徳たちと同じような清浄《しょうじょう》な身にしてください」

こういう願文を唱える人たちが後を絶たなかった。そして、日本の山々にも多くの修行者が生活し、インド・中国の古徳たちに引けをとらない行実《ぎょうじつ》をとどめることとなった。今日、日本の山々には、いたるところに観音さまの尊像をいただく霊場がある。山のふもとにも、ついには町のなかにまで。それらすべてのところに、日本が生んだ古徳たちの行実がしるされている。

神仏習合思想と七観音

経典の説くところ、観音さまは身体を三十三様に現わして生あるものを救ってくださる。その三十三様の形を集合する象徴的な容姿として、日本ではとくに六様の尊像がつくられてきた。聖観音が本来のお姿だが、十一面観音・千手《せんじゅ》観音・如意輪《にょいりん》観音の像が日本には圧倒的に多い。この三様の尊像が全観音像の八割以上を占めていると思う。

神仏習合の思想で、日本の国母《こくも》、天照大神は十一面観音である。天照大神の母、伊弉那美尊《いざなみのみこと》は千手観音である。

公式に仏教が伝来したより早く、南紀熊野の浜に漂着した裸形《らぎょう》のインド僧があった。この僧は那智の滝のそばに如意輪観音を祀って熊野に修行の一生をおくった。記紀伝承では、神武天皇が熊野に足跡をしるしたところから建国がはじまっている。なるほどと得心してもらえるのではないだろうか。習合思想で、神武天皇は如意輪観音なのである。

観音さまはこうして、民族の祖霊を敬慕する大多数の人びとに認知され、仏教を未だ学んでいなくとも、その人たちの心のなかに観音信仰が遍満《へんまん》していった。

六様の尊像だが、天台仏教と真言仏教では、それぞれ一様が尊名と趣意を異にする。この相違を考慮して六尊像を七観音と数えるのが一般であるかもしれない。天台系では不空羂索《ふくうけんじゃく》観音を、真言系では准胝《じゅんてい》観音を数える。ヒンズー教の創造の神であるシバ神とその妻チュンデーが、仏教の守護神となった。三十三様の形のなか、観音さまは仏教を守護する諸神の姿でも示現されるので、不空羂索観音はシバ神の後身、准胝観音はチュンデーの後身にもあたる。

七観音をこれで、聖《しょう》・十一面・千手・如意輪・不空羂索・准胝と六体数えたことになるが、残る一体が馬頭《ばとう》観音である。

悠久の昔、中央アジアをゆく隊商たちが盗賊によく襲われた。経典は盗賊が迫れば「南無観世《なむかんぜ》音菩薩《おんぼさつ》」と唱えよ、難を逃れうる、と教えている。隊商全員が一致して名号《みょうごう》の合唱をつづけるところに恐怖は消退、沈着な対処が生まれ、盗賊を撃退しえたであろう。

仏教は守護神の一体として、緊那羅《きんなら》という音楽を担当する神をもつ。体は人間で頭は馬なのだ。

そもそも隊商の合唱を指揮するため緊那羅の身体で示現されたのが馬頭観音である。いかめしいが滑稽でもある像容に、古代の人びとは親近感をもった。馬を日本の最も一般的な交通・運送の手段とした当時であるから、盗賊が出没する峠の難所などにこの観音像は造立された。

平安時代末のころから観音さまを本尊とする霊場が連結され、巡拝がおこなわれるようになった。西国三十三所が最初に成立をみた中心的連結である。西国霊場三十三所をめぐれば、七観音すべての像容にふれることができる。そして、それぞれの本尊がいかに造立されたか、そのいわれを知ることができる。霊場巡拝が盛行をみたことによって、観音信仰はあまねく全国にひろまったのである。

補陀洛山の伝説

阿弥陀さまが極楽浄土を経営してくださっているように、観音さまも浄土をもっていらっしゃる。観音さまの浄土を補陀洛山《ふだらくさん》という。

さて、補陀洛山の位置について、インド半島の南端に近い山とみる説と、南端沖合い遥かの島とみる説と、二説がある。島国の日本人は、海島であるとみる説にこれまた親近感をいだいたようだ。

現在は写本しか伝わらないのだが、『観世音菩薩往生浄土本縁経』という経典を、観音さまを慕う昔の日本人は読んでいた。

　この経典によると、南インドに暮らす摩那斯羅《まなしら》という女性が、夫の長那《ちょうな》とのあいだに、早離《そうり》・速離《そくり》の男児二名をもうけていた。病悩がつのった摩那斯羅は七歳の早離・五歳の速離に、「慈悲心をもつ人となれ」と遺言して死につく。長那は後妻をめとり、やがて飢饉がきた。食物が尽きて北方の山に木の実採取に出かけた父長那は、ついに帰らなかった。継母《ままはは》が早離・速離に言う。「南海の島に海松布《みるめ》という藻が茂っています。採りに行って食糧の足しにしましょう」。二児が舟に乗る。口減らしにこの継子たちを無き者としよう。継母は恐ろしい考えをもっていた。島に着いて二児は海松布採取に夢中になる。二児が気づいたとき、継母の乗る舟はすでに沖へ、島を離れていた。

　人の姿のない孤島なのだ。早離・速離は、天をあおぎ浜を這い、おめき悲しんだ。『本縁経』はこの島が補陀洛山なのだという。ついに食に飢え真水に飢えた早離は、死に瀕しながら、「われは一切の生ある者を苦から解放し、貧窮する人びとを救済する菩薩となろう」と叫ぶ。早離は願力にまかせて、まさしく観音菩薩となった。一方、速離は勢至菩薩《せいしぼさつ》となった。実母の摩那斯羅は天界から二児の苦難を見つめていたのだが、みずからは阿弥陀如来となって、二児の誓願が成就するよう助力をしたのだという。

　南紀熊野の海岸に、補陀洛山寺がある。平安初期から江戸時代まで、この寺に住持した僧侶が、死期の近いのをさとると補陀落渡海《ふだらくとかい》をしている。

それは三十日分の油と食糧を小さな屋形舟に積み、観音さまの浄土をめざして、北風のつよい日に南海の彼方へ漕ぎ出してゆく信仰であった。裸形上人《らぎょうしょうにん》がインドから観音さまを念持《ねんじ》してこの熊野の浜へ渡って来られた。だから、インドの島へ行けないことはない。そう信じて船出していった在俗の人もあったようである。

無畏を施す観音さま

観音さまの現世利益《げんぜりやく》が強調されて、観音さまはいかなる災難からもわたしたちを守ってくださるとよく言われる。しかし、観音さまからいただく恩恵はそればかりではない。もっと大きな恩恵は、わたしたちのさまざまな欲求不満・怒り・怨み・邪見などを取り除いてくださるところにある。

観音さまの別名を「施無畏者《せむいしゃ》」という。無畏とは、畏《おそ》れのない境地、世の中の暮らしに不安や苛立《いらだ》ちといったものを感じない境地のことである。欲求不満・怒り・怨み・邪見が消滅すれば不安もなくなる。観音さまは、急難の渦中においてのみならず、生活のすべての面で無畏を施《ほどこ》し(与え)てくださるのだ。

山中にこもって観音さまを心に念じつづけた古徳とは、じつは、「施無畏者」の霊妙自在な力にあずかって「無畏者」となった人たちのことである。

緑の美しい日本の山々を見晴るかすとき、古徳たちの修行の営為がしのばれるばかりか、山々の姿そのものが「施無畏者」であると思えてくる。

『法華経』の「観世音菩薩普門品《かんぜおんぼさつふもんぼん》」から、結語にあたる偈文《げもん》の一節を引かせていただきたい。

聞名及見身《もんみょうぎゅうけんしん》　心念不空過《しんねんふくうか》　能滅諸有苦《のうめつしょうく》

「観音さまの名を聞き、そのお姿をよく見、空しく日々を過ごすことなく心に観音さまを念じよう。観音さまはあらゆる苦しみを消してくださる」

山々の観音霊場をめぐって清らかな山気を呼吸するとき、それは古徳たちの山林修行の余光でもあろうか、現代のわたしたちにさえ、どんな危難をも畏れない、安らかな心境が萌《きざ》してくる。

西国観音霊場・新紀行

《目　次》

カバー絵・本文中の本尊図像……丸山石根 画
（大阪市立美術館蔵）
写 真……佐藤泰司
装 丁……清水良洋（Push-up）

第一番・那智山 青岸渡寺［那智山寺］

来世のことは阿弥陀さまにお任せしてある。現世の日々をば観音さまに導いていただこう。私はかねてから素直に、そういう思いをいだいてきている。

黒潮だろうか。沖の海面が青黒い。しかも、陽光をあびてきらめく海面が、力づよく盛りあがっているように見える。

西国霊場三十三所の巡拝を初めてめざした日も、紀勢本線の列車の窓にひらけた熊野灘は、青黒い線条を沖合はるかに浮かべていた。

名古屋から特急ワイドビューで紀伊勝浦まで三時間半。大阪からもオーシャンアローで所要時間はほぼ同じ。駅前からバスが頻発してくれている。那智山《なちさん》のみを目的とすれば、首都圏からの日帰り参拝さえ、しようと思えば不可能ではない。

那智山の終点でバスを降りる。石段が待ちうけている。段数は四百七十三。この石段をのぼるうち、青岸渡寺《せいがんとじ》と那智大社の棟々が、欝蒼と茂る原生林を背に負って現われてくる。

熊野といい那智といい、幽玄で神秘な地名だ。「熊」は山々が屈曲して隠れたところをさす「隈《くま》」からきている。熊野とはそこで、山に隠れて神霊の坐《いま》すところという意味になる。那智は「難地」の転。大昔からあまたの修験者《しゅげんじゃ》たちが大滝にうたれる荒行にいどんだ難地であったから、那智の名は生まれたのであろう。

那智の神々

那智大社の神々をまず礼拝してから、青岸渡寺の観音さまを合掌することにしたい。大社の本殿は南面する五棟の社殿からなる。第一殿のみやや後退して建つのだが、他の四殿は前面が一直線に並んでいる。いずれも日本民族の創世にかかわる神々であり、観音信仰とも切り離せない神々もいらっしゃるから、社殿の通称と祭神名を列記してみよう。

第一殿　飛滝宮《ひりょうのみや》　大己貴命《おおなむちのみこと》
第二殿　証誠殿《しょうじょうでん》　家津御子神《けつみこのかみ》
第三殿　中御前《なかごぜん》　速玉男命《はやたまおのみこと》
第四殿　西御前《にしごぜん》　夫須美命《むすびのみこと》
第五殿　若宮《わかみや》　天照大神《あまてらすおおみかみ》

大己貴命は別名が大国主命《おおくにぬしのみこと》である。家津御子神は素戔嗚尊《すさのおのみこと》である。速玉男命も伊弉那岐尊《いざなぎのみこと》、夫須美命も伊弉那美尊《いざなみのみこと》である。

仏国土（本地）におられる如来・菩薩は、救済する対象であるわたしたち人間の理解力に見合う形（応身《おうじん》）で、この現世に出現して来られる。そこに、神仏習合の思想（本地垂迹《ほんじすいじゃく》）がおこって、日本の創世紀の神々は如来・菩薩の応身であると考えられるようになった。

青岸渡寺、三重塔と那智の滝

記紀神話から、神々の系譜の簡単な整理をもしておきたいと思う。

家津御子神はこの日本列島に初めて進出定住した民族の統率者であった。一方、速玉男命・夫須美命は遅れて南方から渡来した民族の祖で、この両神から天照大神が生まれている。天照大神は葦原中国《あしはらのなかつくに》（日本列島）を平定するため、孫の瓊々杵尊《ににぎのみこと》を降臨させた。家津御子神の六世の孫である大己貴命は出雲に迎賓館を建てて瓊々杵尊の使者を迎え、瓊々杵尊に国譲りをした。瓊々杵尊の曾孫《ひまご》を彦火火出見尊《ひこほほでみのみこと》という。すなわち神武天皇である。彦火火出見尊は日向《ひゅうが》を発して海から熊野の浜に揚陸、熊野から大和に進出して、日本国の基盤をきずいた。

熊野三山では、本宮大社が家津御子神を、速玉大社（新宮）が速玉男命を主神とあおぐ。那智大社は昔から西御前の夫須美命を主神とあおいできている。

神仏習合の思想で、夫須美命と大己貴命がともに千手観音であると伝わってきている。天照大神が十一面観音である。那智大社には児宮と称する脇神殿に彦火火出見尊も祭祀されていて、彦火火出見尊はすなわち如意輪観音とみなされてきている。

神々の系譜からみるならば、熊野は日本建国の揺籃《ようらん》の地だということになる。加えて神仏習合の思想からみるとき、ここは観音信仰のふるさとでもあるということになる。

建国の故地・観音の故地、熊野

青岸渡寺は本堂が、低い築地《ついじ》をさかいとして、那智大社の本殿と隣り合っている。両者はまるで一つ屋敷の本棟と別棟というおもむきなのだ。

築地口に大きな樟《くすのき》が高々と樹冠をひろげる。説明板に樹齢八百年と書いてある。きっとそうなのだろう。大樟の下をくぐって本堂へ。九間四面、単層・入母屋造《いりもやづく》り・柿葺《こけらぶき》。堂々たる構えの本堂である。現在のこの建物は天正十八年（一五九〇）豊臣秀吉によって再建施入されている。

本尊は如意輪観世音菩薩坐像。布縄を手にとって大鰐口《わにぐち》をうち鳴らす。私のばあいは、そうして観音十念。本尊の御名を十回くりかえして念じさせてもらう。

観音菩薩を本尊にいただく仏堂では、頭上の長押《なげし》か梁《はり》に鰐口が吊ってあるのが普通で、布縄が垂れさがる。鰐口は扁平な円形をしている。観音さま、このわたしに気づいてください。わたしの願いをお聞き届けください。切実なそういう善男善女の集合意思が、この起原のわからない金属製鳴器を自然に生み出したのだと言ってよいだろうか。青岸渡寺の鰐口は、彫りこまれてある銘文から秀吉による奉納とわかるそうで、他寺のものに絶してきわめて大きい。

青岸渡寺本尊・如意輪観世音菩薩

仏教は宣化《せんか》天皇三年（五三八）に百済《くだら》から公的に伝来した。観音菩薩は生ある者に法を説くため、この人間世界に三十三様の仏身を現わす。そういう伝えとともに多面広臂《ためんこうひ》の図像ももたらされたとされている。奈良・平安の仏教はその図像のなかから、十一面・千手という相容をとりわけ好んで、変化観音《へんげかんのん》のおびただしい影像を成立させた。

けれども、仏教がおおやけに伝わるより一世紀以上先立つ仁徳《にんとく》天皇の時世に、熊野の浜に漂着した裸形《らぎょう》のインド僧があったというのだから、これは由々しい。裸形僧は海上から山の緑を貫く白い瀑布を認めたのだと思う。揚陸したその僧は那智の大滝までたどり着いた。そして、巨木の幹に如意輪観音の相容を彫りつけて念誦《ねんじゅ》、一生を滝にうたれる修行生活に終始した。

公共の仏教が神仏習合という思想に立ったとき、この国を創世した神々のうち最も親しまれている神体に、如来・菩薩のうちこれまた最も親しまれつつあった十一面・千手という変化観音を重ね合わせたのは、自然の帰結であっただろう。

一方、熊野は彦火火出見尊《ひこほほでみのみこと》が建国の途についた故地である。裸形僧はインドにあったときから如意輪観音を信奉していたにちがいない。裸形僧が熊野の巨木の幹に彫りつけた像相は、おそらく日本にはじめて現われた観音の像相であったということになる。建国の故地・観音の故地という由縁が結びつく。彦火火出見尊が如意輪観音の応身とみなされるに至ったのは、そこに、同気相求というはたらきが起こったからであるだろう。

那智山はこうして、十一面・千手観音を信奉した流れ、如意輪観音を信奉した流れ、双方が今日になお渾然と溶け合った様態をみせてくれている。

本堂そばの台地に立つ。タブノキが一幹、枝葉をみごとに張っている。南国の海岸に自生する木だ。紀勢本線の車窓からもこの樹林が目にとまる。クスノキ科だからイヌグスという別名があるのだが、イヌとは卑しめ軽んずる接頭語。この木にたいして失敬ではないかと私は思う。樟より葉に厚みがあり、しかも葉は艶《つや》をもっていて、気品の感じられる木なのだ。

台地は高みなので見晴らしがよい。山気《さんき》を含んだ清《すが》すがしい風がタブノキと私を吹きぬける。北方に三重塔。那智の大滝が塔の背後に瀑布のしぶきをあげている。塔にのぼって大滝と対面し、さらに滝壷までおりてゆく。その散策におぼえた充足感がよみがえる。

青岸渡寺とは、それにしても、なんと意味深長な寺名であることか。

観音の慈悲と利生《りしょう》をこの島国に暮らす民に知らせようと、異国から遠い海原《うなばら》を熊野の青い岸まで漕ぎわたってきた僧があった。ここはいしずえをその僧がきずいた寺。まず意味の一つをそう汲んでよいかと思う。

しかし、もっと大きな意味がある。観音さまは青海原のはてしない南の彼方、青い波が洗う島に坐《いま》すと信じられていた。熊野の海は青黒い。この地から、夢まぼろしであっても、青海原をわたって、観音さまの膝もとにぬかずきたいものだ。寺名は観音の利生を念じてここに錫杖《しゃくじょう》をひいた昔の人びとの、そういう心馳《こころば》せを代弁しているだろう。

『平家物語』より

熊野には歴史上に知られる多くの人物が行実《ぎょうじつ》をとどめている。思いをそこにめぐらすことによって、紀行の楽しみもふくらみ、余福がえられるのを覚える。

『平家物語』から三名の人物をとりあげてみよう。この物語はきわめて事実性の高い国民文学である。史実が若干は潤色《じゅんしょく》されているが、架空の出来事を語ってはいない。

平康頼《たいらのやすより》を私はまず思い浮かべる。「平」姓を名のるものの清盛の家系とは無縁の、康頼は下官であった。しかし、後白河法皇に近侍《きんじ》していたため、平家を倒そうとする謀議に加わったと嫌疑をかけられ、鬼界が島（硫黄島）へ流される。

島は海岸から嶮《けわ》しい山がそびえ、滝がみられた。康頼は熊野巡拝を模倣し、岩窟を見出しては、ここは那智の滝と那智大社、ここは本宮大社、ここは速玉大社と定め、山中を歩きまわる日々を送る。そして、挙げ句に祝詞《のりと》をあげる。「飛滝《ひりょう》大薩埵《さった》よ、慈悲の眸《まなじり》で、小牡鹿《さおしか》のようにお耳をふり立て、わたしの訴えを聞いてください。わたしの無実を知見され、帰京の本懐をとげさせてください」云々《うんぬん》と。

薩埵は菩薩のことである。現在は那智大社本殿中に加えられ四殿よりやや後退して建つ飛滝宮は、康頼が生きた平安末期のころ、那智の滝壷に面して建ち、大己貴命《おおなむちのみこと》すなわち千手観世音菩薩坐像が、飛滝大薩埵ともよばれて安置されていた。

ある夜、那智の西御前に見たてた岩窟で康頼はまどろみ、夢を見た。西御前の祭神も先に記したように夫須美命《むすびのみこと》すなわち千手観音である。夢は康頼の祈請《きしょう》が観音さまに届いたことを竜神が知らせに来てくれる内容だった。

これに気力百倍した康頼は、木を切り薄板に削って卒塔婆《そとば》をつくり、そこに故郷を思う歌・姓名・年月日を書きつけて、日に数枚ずつ海に流しつづける。一枚ぐらいは本土に流れ着いて都まで届くかもしれないと。

一枚が清盛の崇敬する安芸《あき》の厳島《いつくしま》神社に漂着する奇瑞《きずい》がおこったのである。京都へはこばれた卒塔婆が清盛の心を打ったから、康頼は流罪を解かれた。

『平家物語』は複数の作者によって成っているが、主たる作者は藤原行長《ゆきなが》という人物である。行長は京都の東山に隠栖していた晩年の康頼をたずねて、物語の取材をした。私は卒塔婆の奇瑞を康頼がじかに行長に語ったにちがいないと考えている。

次に文覚《もんがく》の荒行を私は思う。

この真言僧《しんごんそう》はもと、源頼政を頭領にいただく摂津の渡辺党の侍であった。同僚の妻を誤って殺傷した文覚は、十九歳で出家、那智山へ現われた。那智の滝で修行をしていた行者《ぎょうじゃ》の仲間入りをし、滝にうたれようと思い立ったのである。

那智の大滝の下には小滝がある。文覚は小滝の壷に頸《くび》ぎわまで浸かって、不動明王《ふどうみょうおう》の陀羅尼《だらに》、生ある者から災厄《さいやく》を消除する呪文を唱えつづけた。

挑んだのは、三七、二十一日間の行《ぎょう》。七日間で陀羅尼を十万遍、二十一日間で三十万遍唱えれば満行となる。

雪ふりつもり氷柱《つらら》がさがる厳冬期であった。しばらくは堪えた文覚だったが、五日目に意識を失い渓谷を流された。

再度の挑戦では三日目にぐったりとなってしまった。死線をさまよう文覚は夢を見た。大滝の左右の岩壁から天童二人が降りてきて全身を撫でさすってくれる。凍りついていた全身が温まって文覚は蘇生した。

——お二方はいかなるお人か。どうして憐れみをかけてくださるのか。

——われわれは不動明王の使者で、矜羯羅《こんがら》・制吒迦《せいたか》といいます。「文覚という青年が身命にかえて迷える人びとを救おうと、勇猛の行を企てている。赴いて力を合わせなさい」。明王がおっしゃったので来たのです。

——で、不動明王はいまどこにいられるのか。

文覚が思わず尋ねると、

——天上はるかの仏界に。そして、この崖の上の御堂にも。

二人の童子はうららかな声をのこして、煙がのぼるように消えていった。

この奇瑞がおこってから、文覚は寒風も身に沁まず、滝から落ちくる水をも湯のごとく感じるようになって、三七日の大願を満行したという。

頼朝がのちに平家追討の兵を挙げる決意をしたのは、この文覚の指嗾《しそう》があったからである。

平安末期、小滝のそばの崖の上に、確かに不動堂もあった。矜羯羅・制吒迦は不動明王の脇侍。現在の那智山では三重塔第一層に、旧不動堂の本尊、二童子を従える不動明王立像が安置されている。

平維盛《これもり》にもふれておきたい。

維盛は「容儀体拝《ようぎたいはい》絵にかくとも筆も及びがたし」とまで語られている、平家公達《きんだち》中きっての貴公子。重盛の嫡男《ちゃくなん》であるから、将来は一族の頭領と期待を寄せられていた。しかし総大将にえらばれて頼朝の軍と対峙《たいじ》した富士川では、敗走をよぎなくされた。倶利迦羅《くりから》の合戦でも若き大将軍として指揮をとったが、義仲の軍に完膚《かんぷ》なきまで打ちのめされた。これで、しだいに一族の人びとから疎外されてしまった。心を病んだ維盛はついに讃岐《さぬき》屋島の陣営から小舟で脱出。和歌山へわたり、高野山へのぼって出家する。この維盛がめざしたのも熊野である。

那智の滝に至った維盛は「観音の霊像」が「岩の上にあらはれ」るのを見た、と物語は言う。

平成十一年七月二十九日の夕暮れだった。私は熊野の沖に入水死《じゅすいし》することになる維盛を思い、大滝へ歩をすすめた。ヒグラシが鳴いていた。細かなしぶきが中空に浮遊して、滝壷がまるで夕霞の底にあるかのよう。瀑布のひびきが大きくなって、もの哀しいヒグラシの声がかき消された。

漲《みなぎ》りたぎって落下する白い瀑布が、変成岩の大岩壁を左右に分かっている。滝壷のそばまで近づいたそのときだった。瀑布にむかって左の大岩壁の高いところに観音さまのお顔が浮かび出た。私は瞬きをくりかえしてそのお顔を仰いだ不思議な体験を忘れられない。

補陀洛山寺と熊野本宮大社

本宮大社主神の家津御子神《けつみこのかみ》は阿弥陀如来、速玉大社主神の速玉男命は薬師如来である。阿弥陀さまには浄土へ摂取《せっしゅ》していただく。お薬師さまには病魔をはらってもらっている。それゆえに、礼を欠きたくない。私の熊野行はそこで、勝浦温泉に投宿する一泊二日、初日に那智山、翌日に本宮町の本宮大社と新宮市の速玉大社をたずねる。

その二日目、勝浦町東郊の補陀洛山寺《ふだらくさんじ》へも立ち寄っている。

補陀洛山寺は裸形僧が漂着した海岸に建つ。本尊は三貌の十一面千手観世音菩薩立像《りゅうぞう》。熊野九十九王子《おうじ》（末社）の一つ、浜の宮王子と一体の寺であって、昔から那智山への供僧《ぐそう》をつかさどり、熊野山伏・比丘尼《びくに》を統率してきた。

補陀落渡海《ふだらくとかい》が、三十日分の油と食糧をたずさえ、観音さまが坐《いま》すという南海の島（補陀洛浄土）へ、生きながら旅立つ信仰であった。ここはその渡海上人を送り出した寺。本堂の裏山に渡海上人たちの供養墓が並ぶ。

椎《しい》の巨木が茂る暗い小道を登ってゆくと三段になった墓地が現われる。上段の向かって右から二基目、細い無縫《むほう》の卵塔《らんとう》が維盛の供養墓である。維盛も渡海上人のように浜の宮から小舟を漕ぎ出して、青海原に消えたのだ。

新宮から本宮へ、熊野川に沿う国道一六八号を、バスかタクシーでさかのぼる。

熊野本宮大社には三本足の烏を描いた絵馬が奉納されている。なぜ三本足なのか。人から問われて戸惑ったことがあった。

記紀神話で、彦火火出見尊は熊野から八咫烏《やたがらす》(大きな烏)に先導されて大和に至ることができた。中国の伝説で、月に玉兎《ぎょくと》が、太陽に三本足の金烏が棲むという。そこから「烏兎《うと》」といえば太陽と月を意味している。もしも太陽の光がなかったら、巨木の梢が天蓋《てんがい》をなす嶮岨《けんそ》で暗い原生林を分けすすむことはできなかった。彦火火出見尊は天蓋からわずかに洩れ射す日光に助けられたのであろう。私はこのごろ、八咫烏は太陽であったのだと思うようになっている。

奥熊野は雨が多い。平成四年三月二十八日が大雨であった。翌々三十日のこと。私は霧雨のなかを新宮から本宮へむかう車中にあった。その車中でえた愚詠を添えて、第一稿をおわりたい。

　　春雨の降りはえけぶる熊野川やまのいはねは滝を見せつつ

車窓から見る川の対岸、ここにあすこに、山々の稜線から瀑布が白いしぶきをあげていたのである。神々しい、目をみはる奇観であった。

第二番・紀三井山 金剛宝寺［紀三井寺］●

補陀洛説話と海女たち

紀南へむかう列車が和歌山駅を発車する。ほどなく、左手の車窓前方に、こんもりした小山が見えてくる。『万葉集』に詠まれている名草山《なぐさやま》である。

車窓右手には和歌の浦が迫っている。古代には大勢の海女《あま》が和歌の浦ではたらき、海松布《みるめ》という海藻《かいそう》を採っていた。海女たちは海に潜《もぐ》って浮かびあがったそのとき、至近にあおぐ名草山の優しい山容に慰められていた。

名草山言《こと》にしありけり我が恋ふる千重《ちえ》の一重《ひとえ》も慰めなくに

慰山《なぐさやま》といわれる名草山だけれども、それは言葉だけであったのだ。今は、恋におちたわたしの心を千分の一も慰めてはくれないのだから――。歌意を汲めば言っているが、この万葉歌を詠んだのは、きっと海女なのだろう。

「紀三井寺《きみいでら》」の通称で知られる金剛宝寺《こんごうほうじ》は、この名草山の中腹を占めて建っている。序文に代える「日本人と観音さま」でも紹介したが、いまいちど、この説話に目をとおしていただこう。

大昔のインドに、摩那斯羅《まなしら》とよばれる女性があった。長那《ちょうな》という貴族の妻となり二児をもうけたのだが、生死《しょうじ》の無常をまぬかれず、摩那斯羅は若くして病死する。二児は早離《そうり》・速離《そくり》という名であった。天下に飢饉がつづいた。長那は次妻に二児をあずけ、奥山に木の実を採取に出かけたまま不帰の人となってしまった。

ある日、継母《ままはは》が言う。

――早離・速離よ。南海に海松布《みるめ》という緑の藻が茂っている島がある。食糧の足しに海松布を採りに行きましょう。

二児が舟に乗る。口減らしのためにこの継子たちを無き者にしよう。舟を漕ぎ出させた継母に恐ろしい考えがひらめいた。島に着いて二児は海松布採りに夢中になる。二児が気づいたとき、継母の乗る舟はすでに沖へ、島を離れていた。

人の姿のない孤島なのだ。早離・速離は、天をあおぎ浜を這い、おめき悲しんだ。この島が補陀洛山《ふだらくさん》なのだという。ついに食に飢え真水に飢えた早離は、死に瀕しながら、「われは一切の生ある者を苦から解放し、貧窮する人びとを救済する菩薩となろう」と叫ぶ。早離は願力にまかせ

紀三井寺本堂前の巡礼

て、まさしく観音菩薩となった。一方、速離は勢至菩薩となった。実母の摩那斯羅は天界から二児の苦難を見つめていたのだが、みずからは阿弥陀如来となって、二児の誓願が成就するよう助力をしたのだという。

補陀洛山はインド半島の南端沖に実在すると信じられてもいた島である。『観世音菩薩往生浄土本縁経』という中国で作られたのかもしれない仏典にこの説話は現われる。そして、青岸渡寺《せいがんとじ》の項で平康頼の行実にふれたのだったが、観音の利生《りしょう》を信じたあの康頼が、自著『宝物集《ほうぶつしゅう》』のなかで、この説話に共感を寄せている。

私はそこで海松布を思うのだ。現在この海藻はミルとよばれている。古代の日本で海松布は常食されていた。現在は陸つづきになっているが、和歌の浦には玉津島《たまつしま》が浮かび、この島の周辺で海松布がとくに採取されていた。『万葉集』と他の古典からもそれが分かる。

古代には、早離・速離のような仕打ちに遭《あ》ったわけではないが、口減らしとして親もとを離れた若い女性たちが、日本各地に海女集団を形成していた。

玉津島には玉津島神社がある。大己貴命《おおなむちのみこと》（大国主命）の子孫にあたる稚日女命《わかひるめのみこと》が、古代からここに祭祀されてきた。ヒルメ（日女）という音がミルメ（海松布）を連想させる。この女神はそもそも和歌の浦で海松布を採取した海女集団の統率者であったらしい。

伝承では、奈良時代、唐《とう》から渡来した為光《いこう》という僧が紀三井寺をひらいたことになっている。為光は公僧であったとは思われない。おそらくボートピープルと一緒に漂着した私度僧《しどそう》（官許をうけていない僧）であっただろう。想像するところ為光は、『観世音菩薩往生浄土本縁経』をたずさえて渡来したのではないだろうか。そして、和歌の浦にはたらく海女たちに早離・速離の説話を語りかけ、海女集団の共感と帰依《きえ》をえて、名草山に観音霊場をひらくことができたのではないだろうか。

紀三井寺からは海がよく見える。眼下に和歌の浦がひらけている。玉津島神社の森をも、片男《かたお》波《なみ》とよばれている松原をも、手にとるごとく見わたせる。

私はこの霊場をはじめてたずねて、境内台地から和歌の浦を一眸《いちぼう》にしたとき、海松布を糸口に、唐僧為光と海女たちとの結縁《けちえん》を思ったのだった。

桜花の中の秘仏・十一面観音

紀勢本線の特急を和歌山で普通列車に乗り換え、二つめの駅、紀三井寺で下車。名草山をあおぎながら、霊場へ歩をはこぶ。

楼門をくぐれば、正面に、段数二百三十一の石段が真っ直ぐ山をのぼっている。石段のなかほど右手に一条の小滝を見出す。伏流水が湧き出ているのだ。清浄水《しょうじょうすい》とよばれている。境内には他に楊柳水《ようりゅうすい》・吉祥水《きっしょうすい》という泉もあり、紀三井寺の通称はこの三つの湧泉《ようせん》（井戸）をもつところに由来する。

石段のかたわらには句碑も幾つか目にとまる。一つの碑面にこの文字を読む。

見上ぐればさくらしまふて紀三井寺　はせを

松尾芭蕉は貞享《じょうきょう》五年（一六八八）の晩春、高野山からここまで杖をひいてきた。「笈《おい》の小文《こぶみ》」でそれがわかる。楼門をくぐって見あげた境内に桜の花は散り果てていたのであろう。

紀三井寺の名は各新聞の関西版がのせる「花だより」の冒頭に必ず現われるのだが、芭蕉の句から、江戸時代の初期すでに、ここが桜の名所としても知れわたっていた機微までがうかがえる。

石段をのぼりきって台地に立つ。六角堂・鐘楼・大師堂が西面して並び、背後の高みに熊野三所権現堂・多宝塔・開山堂が並ぶ。台地の北の突きあたりに、古色をおびた本堂。西方は海へ視界がひらけている。ふりかえれば木々の梢がふかい。木々のあいだから覗《のぞ》く諸堂塔のたたずまいに心がなごむ。

本堂へ。大きな向拝《こうはい》屋根の庇《ひさし》の下、階段をふみしめる。本尊は十一面観世音菩薩立像。合掌し、御名を念ずる。

内陣には古仏像がたくさん安置されている。それらのなかに、本尊とともに重文指定を受けている木像が幾体もみられる。

この霊場が文化財に富むのは、熊野御幸《くまのごこう》の中継寺院となった過去があるからでもあろう。平安末から鎌倉初めへかけて歴史の転換期に、歴代上皇は国体が傾くのではないかという危機意識から、国事行為としてたびたび熊野参拝におもむいた。とりわけ、後白河《ごしらかわ》・後鳥羽《ごとば》両上皇の御幸は、それぞれ二十七回にもおよんでいる。御幸の途次《とじ》に勅願で奉納された仏像仏具が多かったにちがいない。

それはさて、こんな伝承が私の目にとまる。

本堂の裏から山へ分け入ると一つの渓谷があるそうだ。名草山を歩きまわった為光は、その渓谷に千手観音像を見出した。熊野那智におこった信仰がこの山へ伝播《でんぱ》していたにちがいないが、人跡は絶えていたのであろう。為光は尊像を草庵にもち帰って仏龕《ぶつがん》に安置し、仏法を弘める願いを遂げさせたまえと祈誓しつつ、みずからは十一面観音像を彫りあげたという。

『法華経』の第二十五章「観世音菩薩普門品《ふもんぼん》」が『観音経』という別名でよばれている。「普門」の原語はサマンタムカで、サマンタが「あまねく・ひろく・すみずみまで」という意味をもち、ムカが「門・顔」という意味をもつ。ここからサマンタムカすなわち「あらゆる方角にお顔をむけておられる菩薩」としての、観音さまの相容が生み出された。

大乗仏教はもともと十方に無数の世界があるという考え方をしていた。東・西・南・北の四方、東北・東南・西南・西北の四維《しい》、これに上・下を加えて十方である。観音さまは正面のお顔でわたしたちと至近に向かい合ってくださるが、そのほかに、あらゆる方角、つまり十方世界にもお顔を向けていられることになる。

『観音経』にみる詩文はうたう。

具足神通力《ぐそくじんづうりき》　広修智方便《こうしゅちほうべん》　十方諸国土《じっぽうしょこくど》　無刹不現身《むせつふげんしん》

「観音さまは神通力をおもちになって、智の方法を自由に駆使し、十方のあらゆる国土へ、瞬時にその身を現わしてくださる」と。

このようなところから、十一面という相容は、観音さまの特性をもっとも具体的に示していることになると私は思うが、紀三井寺の現本尊は、為光が刻んだ彫像の相容を写し伝えてくれているのかもしれない。

千手観音像は、本手が二臂《ひ》（腕）、小手が四十臂という作例が多いように思う。観音さまは一手で二十五個所にいる生ある者を救ってくださるというから、40×25＝1000、千本の手をつねに千個所へ差し伸べてくださっているに等しい。しかし、本手・小手あわせて四十二臂の像を木彫するにはきわめて高い技を要する。そこで、為光が渓谷からもち帰ったのは、木像ではなく、名も知れない山林修行者が彫りのこした稚拙な石像ではなかったかと、そんなところにも私の想像はめぐってしまう。

伝承にもどろう。為光が十一面観音像を彫りあげたのを「南海の竜女」が知るところとなったという。竜女が七宝を捧げて、観音堂を建てる為光を助けたという。

すでに見たように、康頼の夢に現われた、那智の千手観音の使者が竜神であった。竜神・竜女は観音さまの使者として説話によく登場する。ここではしかし、「南海の竜女」と表現されてきているところが、伝承の飾り立てであるだろう。竜女は玉津島に祀られていた稚日女命《わかひるめのみこと》を象徴させていると思われる。為光を助けたのは、稚日女命を祭祀する集団、和歌の浦にはたらく海女たちであったにちがいない。

七宝と伝わっているのは、香炉《こうろ》・宝螺《ほうら》・鈴《れい》・錫杖《しゃくじょう》・梵鐘《ぼんしょう》・応同樹《おうどうじゅ》・海樹《かいじゅ》。

大和朝廷の人びとは和歌の浦からもたらされるアワビを食べていた。アワビの採取も海女たちの仕事であった。螺は一般に巻き貝の総称だが、ここにいう宝螺は螺鈿《らでん》の材料となっていたアワビの殻《から》の内がわ、真珠色の光沢をもつ部分をさしていると思う。名草山に最初に建った観音堂の須弥壇《しゅみだん》は、真珠色のまぶしい光を放ったのであろう。

応同樹は青岸渡寺の本堂のかたわらに見たタブノキ、海樹とは桜であったという。

嘉永六年（一八五三）刊行の名所図会が、応同樹について「本堂裏手にあり、奇特の霊木なり」と記している。枯朽《こきゅう》してしまい、すでにない巨幹が目に泛《う》かんでくる。一方、桜の花は現在もこの霊場の春を謳歌してくれている。境内いちめんに咲き匂うその桜の多くが、きっと、海女たちによって手植えされた海樹の子孫であるにちがいない。

和歌の浦を歌った山部赤人

紀三井寺から私は和歌の浦へ立ち寄る。

玉津島神社に参拝して万葉歌碑の前にたたずみ、片男波《かたおなみ》の松原を散策する。山部赤人《やまべのあかひと》は神亀《じんき》元年（七二四）、聖武天皇に随行して雑賀《さいか》（現和歌山市）にあった離宮をおとずれた。赤人がそのとき詠んだ長歌と反歌一首を、いずれもよく知られている歌だが、ここに味わっておきたい。

やすみしし、わご大君《おおきみ》の、常宮《とこみや》と、仕《つか》へ奉《まつ》れる、雑賀野ゆ、そがひに見ゆる、沖つ島、清き渚《なぎさ》に、風吹けば、白波騒ぎ、潮干《ふ》れば、玉藻《たまも》刈りつつ、神代《かみよ》より、しかそ貴《とうと》き、玉津島山

日本の国土を統治される我が大君が、末代まで変わらずあれと、雑賀の野に離宮をお建てになった。離宮からは沖の島が彼方に見える。風が吹けば白波が立ち、潮が引けば海女たちが姿をみせて海松布《みるめ》（玉藻）を刈りつづける沖の島。神代の昔から海女たちの営みの絶えたことのない、

その名も玉津島山という沖の島のなんと貴いことだろう――。

和歌の浦に潮満ち来れば潟《かた》を無《な》み葦辺《あしべ》をさして田鶴《たづ》鳴きわたる

和歌の浦に潮が満ちてくると、沖の干潟が水に没してゆく。干潟に遊ぶツルの群れが、名草山のふもと、葦の茂る浜辺をめざして鳴きわたってゆく――。

万葉の時代には鶴と田鶴の区別があった。「鶴」はコウノトリをさし、「田鶴」が現在よばれているツルであった。

片男波の名が「潟を無み」から由来するのも言うまでもない。潮の満ち引きによって現われたり消えたりしていた潟が、干拓されて、片男波という松原になったのだが、ここには「万葉記念館」も建っている。

松原と対岸とのあいだに、内浦が静かにさざなみを立てている。記念館のベランダにたたずんで、内浦をへだてた名草山と向かい合ったことがあった。

夏山の緑のなかに霊場の甍《いらか》が見える。夕日に映える甍がおごそかだった。そのとき、不意をついて、私の耳もとまで、夕べを告げる霊場の鐘の声が内浦をわたってきた。内浦には海女の霊たちが今もひそんでいて、この鐘を観音さまの慈悲のささやきと聴いているのではないだろうか。ひととき、そんな感懐を胸にした私だった。

第三番・風猛山 粉河寺

粉河寺縁起

和泉《いずみ》山脈の稜線が大阪府と和歌山県の国境をなしている。この山脈の主峰、葛城山《かつらぎさん》から和歌山がわへくだる支脈の一つが風猛山《かざらきやま》である。粉河寺《こかわでら》は風猛山のふもとの森をひらいて建っている。山号は風猛山《ふうもうさん》とよぶ。

南がひらけて、紀ノ川が悠然と流れる。紀三井寺から昔は行程六里の巡礼みちが、紀ノ川をわたり、桃の花が咲く野里を縫って、この霊場まで延びていた。

国宝の「粉河寺絵巻縁起」が現存する。観音信仰が粉河の地に沸騰した経過を、私はこの絵巻にありありと見る心地がする。

大伴孔子古《おおとものくじこ》という、鹿を射て生計を立てている猟師があった。ある夜、孔子古が森へ入ると、いつも「照射《ともし》」をしてきた地がふしぎな光明を放っていた。松明《たいまつ》をともして鹿を明かりへおびき寄せ、木の上に組んだ足場から弓で射止める。照射とはそういう猟である。猟場が光っているから松明をともす必要がない。鹿はこの光明にもさそい出されて来るだろう。孔子古は待った。しかし、次の夜もその次の夜も光明は現われたが、鹿は姿を見せなかった。

孔子古には鎮守府の軍曹となって奥州《おうしゅう》へ出征している息子がある。あの光明は、殺生を業としてきたこの身を、観音さまが戒《いまし》めてくださったのではないだろうか。このままでは息子の身にわるい報いがおこるかもしれない。そう思ったところから菩提心《ぼだいしん》がきざした。

ある日、振り分け髪を童形にたらした男が孔子古の家に宿をこう。孔子古はこころよく童男《どうなん》を泊めた。そして、光明の奇瑞を語り、こう洩らす。

——あの猟場に観音さまをお安置したいのですがね。貧乏暮らしで、小さな御堂一つ建てることも、仏師を頼むこともできません。

すると、童男が言う。

——村の衆と相談なさってみては。草葺きの小屋ぐらいは建つでしょう。それが建ちさえすれば、わたしがそこに籠って観音さまを彫って差しあげましょう。

村の衆が力を合わせたので、たちまち板屋が建ちあがった。

——観音さまは七日間で彫りあがります。そのあいだ、皆さんも自分の家で精進《しょうじん》の日々をおくってください。一歩もこの板屋へ近づいてはなりません。

童男は諭すがごとく言うと板屋に入り、戸を閉めた。

八日目の朝が来た。孔子古と村の衆は畏《おそ》るおそる板屋を覗《のぞ》く。千手観音像が立っていられる。童男の姿が見えない。村の衆は手わけをして森のなかを探したが、行方は杳《よう》として知れなかった。

縁起は右を宝亀元年（七七〇）の出来事であったとするのだが、それから年月が経ったのであろう。

和泉山脈の北がわ、河内国《かわちのくに》に佐太夫という長者があった。愛娘《まなむすめ》が腫《は》れものをわずらっていた。佐太夫は良医と妙薬をもとめて八方へ手をつくしたけれども、娘の症状は悪化するばかりであった。絵巻は皮膚がただれて床にあえぐ娘、顔をそむけながらその娘を手当てする小間使いたちを描いている。

長者の屋敷へ童男がたずねて来た。加持《かじ》をして差しあげようと言う。娘の枕元で童男は千手陀羅尼《せんじゅだらに》（呪文）を唱えつづける。娘の病はみるみる平癒《へいゆ》していった。

佐太夫はお礼にとたくさんの財宝を積む。童男は固辞して財宝を受け取らない。娘がそれならばと紅い帯を差し出した。自分で織った、大切にしてきた帯である。

——せめて、お住まいを教えてください。

佐太夫の願いに、

——山のむこうがわ、ふもとの森に小川が白い粉を流しています。そのほとりに住んでいます。

童男はそう答えると、紅い帯だけを手にして立ち去った。

翌年、佐太夫はどうしても童男に応分の謝礼をしたくなり、娘を連れ、家の者たちに財宝を積んだ車を曳《ひ》かせて粉河の森までやって来た。小川は見つかったが人の住居らしきものはない。日が暮れて、粗末な草堂の軒の下で一行は野宿をすることにした。周囲が暗闇になると草堂から光が洩れてきた。怪しんだ佐太夫が扉をこじあける。千手観音像が立っていられた。観音さまの小手の一つから、娘の織った紅い帯が垂れさがっていた。

佐太夫はやがて孔子古と会ったのであろうと思う。佐太夫が喜捨した浄財で、草堂の守りをしていた孔子古の一家と村の衆が立派な観音堂を建てたところから、粉河寺の観音霊場としての歩みは始まったらしい。

枯山水の名庭と芭蕉の句碑

紀ノ川右岸を国道二十四号が走り、JR和歌山線も沿っている。粉河駅から門前町を北へとる。ほどなく、蛭子《ひるこ》神社のみごとな樟《くすのき》が目にとまる。昔はこのあたりから樹海がひろがっていたのであろう。

大門が現われる。参道は右に迂曲《うきょく》し、前方に中門。参道わき右手に粉川が流れている。左手には童男堂が建ち、御池坊（本坊）がひろい苑地を占めている。

中門をくぐれば広場。私は南面する本堂をこの広場から初めてあおいだとき、巍々《ぎぎ》とした偉容に呼吸をのんだのだった。入母屋造《いりもやづく》りの二棟を接合した形式で、重層の甍《いらか》が地を圧している。本尊は千手千眼観世音菩薩《せんじゅせんげん》立像。ここではとりあえず、千手観音・千手千眼観音を同工異曲の表現であると言っておこう。

本堂の四周をめぐってみる。紀三井寺もそうであったが、背面に裏本尊を拝する小窓がもうけてある。法会《ほうえ》があり貴顕《きけん》の参拝があるとき、巡礼者は本堂へのぼれなかった。それら巡礼者のために本尊の相容を写した小像を昔から厨子《ずし》の背面に安置して、外から拝せるようにしてきたのだ。巨大な樟が本堂の東の高みにそびえている。孔子古が照射の足場とした木のあとに植えられたという。本堂の建つ地が光明の現われた猟場にあたる。佐太夫が娘とともに尊像を伏し拝んだのもここだったかと、感懐がこみあげる。

広場は本堂正面の台地より低い。その落差をうずめる土留めに作られ、本堂をあおぐ前景をなすのが、国の名勝に指定されている庭園である。本堂へのぼる石段の両翼に、巨石を組んで枯山水が構成されている。ソテツとビャクシンに目をひかれる。石組みのあいだをサツキの刈り込みが繋《つな》いでいる。南海の仙境が表現されているのか。サツキが咲きそろう季節は本堂の甍までが映え立って美しい。

本堂の西に宝形造りの千手堂がひそやかに佇《たたず》む。広場には六角堂・丈六堂・地蔵堂が並び、芭蕉の句碑を見出す。

　ひとつぬぎてうしろにおひぬころもがへ

住居を捨てている芭蕉には物欲がない。笈《おい》を背中に、他に手にするものは杖だけで、旅の道中に何の愁いもなかった。笈とは今でいえばリュックサックだ。そんな身なりでこの霊場まで、紀三井寺から芭蕉はのんびりと草鞋《わらじ》の足をはこんできた。

　昔は夏の衣更《ころもが》えを四月一日にするならわしであった。貞享五年の四月一日は、現行暦で四月三十日にあたる。紀三井寺の桜は散り果てていたのであるから、まさしくこの霊場のあたりで、身につけていた下着の一枚を笈のなかへ丸めこんだのかもしれない。

　霊場三十三所巡拝の創始者あるいは中興者は花山法皇《かざんほうおう》ではなかったか。巡拝の番順もこの法皇によって付けられたのではあるまいか。そう考えられてきたむきがある。花山法皇が全霊場をめぐられたとみてよい行実は史料のどこを探しても見当らないけれども、粉河寺へは足跡をしるしていられる。『新拾遺和歌集』に、「修行せさせたまうけるとき粉河の観音にて御札にかかせ給うけ

粉河寺本堂と庭園

る御歌」という詞書《ことばがき》とともに、法皇作のこの一首を見出すからである。

昔より風に知られぬ灯《ともしび》の光にはるる後の世のやみ

花山法皇は風狂の人であった。摂関家との確執から世をはかなんで禁中を脱出、退位出家したのが十九歳。比叡山にのぼって受戒《じゅかい》した法皇は、那智山で滝本修行をしようと思い立ったらしい。二十五歳の春のころ、確かに熊野に入山していられる。しかし、それとてもまた脱出行為であったから、役人に発見されて京都へ連れもどされたらしい。一首は熊野行の途上か帰途か、ここに立ち寄って詠まれたのであろう。

昔の粉河の里は風市村《かざし》とよばれていた。「風に知られぬ」の「風」に、風猛山・風市村という位置が含ませてある。照射《ともし》の光ならぬふしぎな光明が現われたところから、観音さまに供えられる灯《ともし》の光が、現世の無明《むみょう》の闇からわたしたちを目覚めさせてくれるようになったと、そう詠んである。

観音霊場では、柱や梁《はり》にところ狭しと千社札《せんじゃふだ》が貼られている御堂を見る。昔は紙札ではなく木札に自分の名を書いて納めていた。法皇は人に知られたくない忍びの姿であったから、納札に歌をしるされたのであろう。

「役の行者」とは

中門手前の参道へもどる。童男堂のそば、築地塀《ついじべい》に切りこみ窓があけてある。築地の外では、ウバメガシの古木がてっぺんを盆栽状に刈りこまれ、地面に笠をひらいて差し立てたような格好をみせている。

孔子古《くじこ》の猟場に現われた光が笠のごとくであったと縁起はいう。築地の切りこみといい、ウバメガシの樹形といい、いわくありげで、初拝の折、私はここに歩み寄ったのだった。切りこみから覗いた苑地に小さな古池がみえた。

説明板に出現池とある。佐太夫の娘を癒やしたあとも、童男は葛城山麓周辺の村里へ風のごとく現われ、風のごとく去ることがあったという。跡を追った者がこの池のあたりで童男を見失ったらしい。

私は二度目に参拝した折、御池坊へ入苑でき、童男堂へも立ち入らせてもらう幸運にめぐまれた。

苑地のほうは昭和四十九年に復元された池泉観賞式の庭園である。古い地割りが跡をとどめ、石組みが埋まっていたのであろう。本堂を借景する枯山水のほうは雄渾《ゆうこん》であった。こちらの庭園は、風猛山麓の斜面を利した築山《つきやま》に幽寂がただよう。青苔がしっとりと地をおおっていて、胸の奥までうるおいが注《さ》してくるのを覚えた。

童男堂は、柱が朱塗り、外壁の白い廟建築である。御池坊の屋舎《おくしゃ》から回廊づたいにこの廟堂の鴨居《かもい》をくぐった。

廟壇上に童男が坐す。振り分け髪を耳もとで束ねたお顔がおごそかで、しかも優しい。ふと第二番・紀三井寺でふれた早離が思い浮かぶ。御手が与願施無畏印《よがんせむいいん》を示していられる。

右手を上げ左手を下げた印相。右手は無畏を施《ほどこ》そう、つまり畏怖の心を無くさせようとし、左手は与願すなわち、願いに与《くみ》しよう、わたしたちの願いを聞き届けようとしてくださっている。

廟堂内は格天井《ごうてんじょう》と壁面が華麗な彩色をほどこされていて、欄間に彫られている天女の翔舞《しょうぶ》の姿が美しい。

童男像をいまいちど拝する。もっとそばへ寄っていいよ。呼びかけられている感じがする。ああ、孔子古と佐太夫のもとに現われたのは「役《えん》の行者《ぎょうじゃ》」の一人だったのだ。私にそういう心証がはたらいた。

最古の修験道《しゅげんどう》は葛城山から起こっている。その始祖とみなされている役の行者は、本名が役小角《えんのおずぬ》。和泉山脈は迂曲して大阪府と奈良県の国境をなす稜線のほうが金剛《こんごう》山脈とよばれているが、そちらにも葛城山がある。小角は金剛山脈の奈良県がわの山麓に幼少期をおくった。そして、小角が修行をした行場は金剛山脈の葛城山中であった。

ところが、役の行者の事跡は吉野・大峰にも認められるほか、全国の山岳にまで散らばっている。小角が鳥のように飛べたとしても首を傾げざるをえない。葛城山中の岩窟に草衣木食《そういもくじき》して呪術を感得した小角のもとに、多くの山林修行者が、慕い寄ったのであろう。そこで、「役の行者」とは、小角その人を指すのみでなく、小角から薫陶をうけたのち他の山々へ散って行った人物と、さらにその後継者をも含むと私は考えているのだ。

童男が現われたのは、小角が呪術をもちいた当時より一世紀ちかく下っている。この時代は、和泉山脈の主峰でも小角の流れを汲む山岳修行が盛んになって、そこに葛城山の名も踏襲されたのだとみてよいにちがいない。

こちらの葛城山は和歌山がわの南斜面が断崖状の砂岩層からなる。岩質に詳しいわけではない私だから確かなことは言えないが、山岳修行者が岩窟を掘るので凝灰《ぎょうかい》質砂岩が流出し、粉川はそのため白く濁っていたのではないだろうか。

「千手千眼観音陀羅尼」と称される呪文を含む経典が幾種類かある。葛城の行者たちはそれら経典の一つをすでに掌中にしていたのであろう。童男はまさにこちらの葛城山の行者で、縁起にいう、童男が娘の枕元で唱えた千手陀羅尼とは、千手千眼陀羅尼ではなかったか。粉河寺が伝えることになった本尊も、そこから千手千眼観世音菩薩と称されたのではあるまいか。私は童男像を拝しながら、そういうことを思ったのだった。

「日本人と観音さま」にも挙げたが、不空三蔵《ふくうさんぞう》の訳になる「千手千眼観世音菩薩大悲心陀羅尼《だいひしんだらに》」

中、呪願《しゅがん》の一節はいう。

南無大悲観世音　願我早登涅槃山

南無大悲観世音　願我速会無為舎

南無大悲観世音　願我早同法性身

「敬礼《きょうらい》します、大きな慈悲をおもちになっている観音さま。願わくはわたしを早く、修行をして悟りをひらける山へ登らせてください――。わたしから速やかに、家というものを無くさしめたまえ――。わたしを早く、あなたさまと同じ、生ある者を救済できる仏たる身にしてください――」。

孔子古と佐太夫のもとに現われた童男はきっと、こういう呪願を成就して、すでに観音さまになっていたのだ。

第四番・槇尾山 施福寺［槇尾寺］
第五番・紫雲山 葛井寺

マキノオ山とは

和泉山脈には葛城山の東に三国山《みくにさん》がそびえている。粉河寺は葛城山から南へくだる支脈のふもとにあった。こちら施福寺《せふくじ》の位置は、三国山から北東へのびる支脈の尾のほぼ頂上にあたる。

西国観音霊場はその多くが山間にある。近来、山間の霊場まで舗装路が通じて足の便が良くなっている。しかし、第十一番の上醍醐寺《かみだいごじ》とここ施福寺へは、今もかなりの山路を歩まねばならない。

葛城山と三国山との峡間《きょうかん》を縦貫するのが国道四八〇号。私は友人の運転する車で粉河寺からこの国道をとったが、崖くずれに次々と遭遇、あまりの悪路に引き返したことがあった。モータリゼーションの侵食が不快で、山霊がときどき牙《きば》を剥《む》かれるのであろう。そんなふうに思ったのだった。バス・ツアーなど現在も、粉河寺からは西の県道を北上する迂回路をとっているのではないだろうか。

泉大津《いずみおおつ》と河内長野《かわちながの》から路線バスが来ている。その終点は山麓に立つ仁王門の手前。自家用車も同じところまでしか入らない。仁王門をくぐれば、でこぼこの山道で、体力のない私などには小一時間を要する登りなのだ。

霊場はそれぞれ「御詠歌《ごえいか》」をもつが、当山のそれは「みやまぢや、ひばらまつばら、わけゆけば、まきのおでらに、こまぞいさめる」とうたわれている。

『法華経』全二十八章は昔、八部の巻き物として書写されるのが一般であった。伝承に、役小《えんのお》角《ずぬ》が金剛・和泉山脈にみられた八つの霊場に『法華経』の一巻ずつを納めたが、巻尾《かんび》にあたる八巻目を納めたところが当山であったから、槙尾山《まきのおさん》という山号はそもそも巻尾《まきのお》山であったのだという。

しかし、右は牽強付会《けんきょうふかい》の説かもしれない。

常緑の高木が総称して真木《まき》とよばれていた。施福寺は年歴が久遠《くおん》で開基を詳《つまび》らかにしない。最初の仏堂が建ったころ、この山の尾の一円は槙《まき》をふくむ真木の樹海だったのではないだろうか。たとえば『風雅和歌集』に「山の奥しづかにとこそ思ひしに嵐ぞさわぐひばらまき原」と詠まれていたりする。御詠歌の「ひばらまつばら」が、桧原松原ではなく、桧原真木原であってこそ自然に思える。「まきのをでら」も、巻尾寺より槇尾寺のほうが自然に思える。御詠歌はそもそも「深山路や桧原真木原分けゆけば槙の尾寺に駒ぞいさめる」の意で成立したのではあるまいか。「まき」の語がくりかえして現われる含蓄を汲めなかった後世の人が、真木原を松原に変えたのではないだろうか。この霊場への山路は今も常緑のいろんな木々の林相が深い。そこで、このような理屈と心証をもってしまう私である。

空海が当山に留住《りゅうじゅう》したという伝えがあるのは確かなのではないか。

大同元年（八〇六）厖大な仏典をたずさえて唐から帰国した空海は、仮住《かじゅう》を命ぜられた筑紫の観世音寺に「請来目録《しょうらいもくろく》」をのこしている。京都に止住《しじゅう》するのは大同四年。空海はその間、筑紫から当山に移って、ここでも請来目録を書き、入京の機会を窺《うかが》ったらしい。山頂に近づくにつれ、羊腸をみせる山路のここそこに、空海の留住をうなずかせてくれる事跡を見出す。

平成十二年一月二十八日であった。私は紀三井寺・粉河寺・施福寺・葛井寺《ふじいでら》をめぐる一泊二日のバス・ツアーで当山へ登っている。紀伊の野には菜の花が咲いていた。粉河の里ではすでに梅の

施福寺内、弘法大師剃髪所

花まで匂っていたのに、こちらは寒気がきびしかった。山路に根雪が現われてきた。私は凍った雪に足をとられ、すんでに谷へ滑落《かつらく》するところだった。

滑《すべ》って転んだそのとき身体が軽くなる気がした。身体を硬直させていたら大怪我をしたかもしれない。観音さまが抱きとめてくださった。そう思った。

有形無形のことがらを悪いほうに考えると目先が暗くなる。私はいつも明るい心境でいられるコツをおぼえた。観音さまは、何ごとをも良いほうに考える、そういう功徳をも私に施してくださっている。

入水した客僧

樹林の梢に空が現われる。最後に段数百四十八の石段を踏みしめ、本堂の建つ山頂広場へ着く。本堂は正面中央に丈六の弥勒菩薩《みろくぼさつ》像をいただく。右に千手千眼観音立像、左に文殊菩薩《もんじゅぼさつ》立像が安置してある。この観音さまはお前立ち、観音霊場たる本尊は背後に閉扉《へいひ》されている仏龕《ぶつがん》におわします。言うまでもなく、秘仏の本尊も十一面千手千眼観世音菩薩立像である。

仏教が伝来して間もないころ、欽明《きんめい》天皇の病を平癒《へいゆ》した行満《ぎょうまん》という僧があったという。天皇はこの山に止宿することになった行満に弥勒像をお与えになり、そこから当山は弥勒像を奉安してきたという伝えがあることはある。しかし、年時は役小角が葛城山をひらくより半世紀以上もさかのぼるから、先に一言したように、それは確かでも詳《つまび》らかなことでもない。ここに山寺を起こしたのは、和泉地方を中心に畿内で福利事業の成果をみせたことでも知られる行基《ぎょうき》であったかと私は考える。

行基がすでに世を去り、粉河寺に童男が観音像をもたらした頃であろうか。当山に登って来た一客僧が止宿をこうた。槇尾寺の堂塔はすでに相当に整っていたらしい。

客僧は寺男の身となって堂塔の清掃をし、寺僧たちの食事の世話まで一手に引き受けた。夜は不眠で勤行《ごんぎょう》を怠らなかった。一夏が過ぎて、暇《いとま》を告げるその客僧が、寺僧たちにわずかの路銭を無心する。貪欲な寺僧たちは申し合わせて一文をも差し出さず、客僧を邪険に追いはらった。

これを知ったのが行基の弟子の法海《ほうかい》であったとされる。法海は寺僧たちを叱咤《しった》して客僧を探させた。行方を突き止めた一寺僧が跡を追ったが、客僧は泉大津の浜から入水《じゅすい》して海中に消えていった。

法海は槇尾寺に登って寺僧たちを集め、客僧を弔《とむら》う勤行をつづけた。ある日、泉大津の方向に紫雲がたなびき、法海はその雲のなかに観音さまを感得した。そして、瞼の奥から消えない観音さまの像を彫らせたところにこの霊場の本尊が定まったと説話にいう。

私はこの説話にほのぼのした余情を味わう。客僧はおそらく、観音さまを念じて、観音さまの福徳が遍満するよう寺に尽くしたのであろう。客僧のその心情の清らかさに法海もまた福徳をもって報いたのだと言えるだろう。

本堂の後堂《うしろどう》に馬頭観世音菩薩坐像が安置してある。相容が滑稽でいかめしい。間近く拝することができるので、つよく印象にとどまる。記録にみるところ、古くから巡拝者に親しまれてきた像である。

花山法皇《かざんほうおう》が粉河寺からこの霊場への山越えに難渋されたという。とすると、熊野からのそれは帰途であったのか。法皇を護送する一行は深山に道を見失った。昔の人はそのようなとき、古馬を鈴をつけて解き放っていた。鈴の音をたよりに馬の跡をたどれば必ず人里に出ることができた。法皇の一行も馬に導かれてこの霊場にたどり着いた。法皇が遭難をまぬかれた報謝に馬頭観音像を献じられたのだと伝わっている。

本堂正面の広場から展望する山々の風景がすばらしい。

私は方向感覚が鈍くないほうだと思っている。ところが、羊腸の登りがつづいたから、広場に初めて立ったときは、方位をつかめなかった。観音さまをいただく仏堂は多くが、補陀洛《ふだらく》浄土の方向、南を正面にしている。視野の左手遠方に二つの高峰を認めた。それが金剛山脈の葛城山と金剛山だとそばに立つ人から教わって、はじめて、本堂がほぼ南面していると納得した。

正面が岩湧山である。山々がたたなづく緑の襞《ひだ》をひろげていた。

初めて登ったのは夏だった。汗まみれで胸ふかく呼吸した山気が爽やかだった。下界がみえない山々の様相の広大さに目を見はった。観音さまに家族の健康を念じて下山するとき、私は雲に乗るほどの清い自発心を山々の風景から分け与えてもらったような気がした。

観音霊場の用材を提供した男

河内長野へ出て国道一七〇号を一路北上。富田林《とんだばやし》・羽曳野《はびきの》をあとに藤井寺《ふじいでら》市街に入る。

紫雲山葛井寺《しうんざんふじいでら》は往日、野中の森のなかに甍《いらか》が覗《のぞ》く大寺であった。今ここは市街地の真っ只中になっている。

葛井寺と称するのは、河内一円を勢力圏とした百済《くだら》系渡来氏族の葛井氏が、創建当時のこの寺を護持したからであるらしい。

寺記を三条西実隆《さんじょうにしさねたか》が書いている。聖武天皇の勅願で寺は起こされており、開山供養をおこなったのは行基。そして、いったんは衰微したのかもしれない寺観を平安時代に入って復興させたのが、平城天皇の命をうけた阿保親王《あぼしんのう》であったという。本尊の十一面千手千眼観世音菩薩坐像は稽文会《けいもんえ》の作。国宝のこの像を写真で見て記憶する人びとが多くいらっしゃるのではないだろうか。

葛井寺本堂

平城皇子の阿保親王は在原業平《ありわらのなりひら》の父である。『伊勢物語』を読むと業平がしばしばこの地をたずねているから、阿保親王の復興関与は間違いなくあったとみることができる。実隆は古典学を大成させた室町中期の学者。実証にきびしい学者であったから、寺記を信じたい。

説話にふれておこう。

大和の材木商に藤井安基という人物があった。永長元年（一〇九六）のこと、安基は死して三日後に蘇生、こんなことを語ったという。「自分が切り出した木が長谷寺《はせでら》を修復する用材と今なっており、以前には葛井寺でも用いられたことがあるらしい。死んで地獄へ落ちたのだが、一人の童子が現われ、この男は観音さまの霊場の用材を提供した者であるから娑婆《しゃば》へ帰してもらえまいかと、閻魔王《えんまおう》へとりなしてくれた。不思議なことだ。それで生き返ることができたのだから」と。

安基はさっそく長谷寺へ行ってみた。修復の槌音《つちおと》が高く、確かに切り出したおぼえのある材木が用いられている。きびすを返して河内へ向かう。すると、葛井寺は境内が荒れて堂塔の多くが毀損《きそん》した姿をさらしていた。

長谷寺は嘉保《かほう》元年（一〇九四）十一月に観音堂・経蔵などを焼失したので、永長元年に修復の途次にあったというのは、符節が合っている。説話はそこで、葛井寺のほうを、一念発起した藤井安基が全国を勧進行脚《かんじんあんぎゃ》、独力で集めた浄財でよみがえらせたというのである。

葛井寺は安基の姓をとった藤井寺という俗称で親しまれるようにもなった。藤井寺球場という名を記憶する人がいらっしゃるだろう。藤井寺はついに市名にまでなっている。

本尊と仏師・稽文会《けいもんえ》

葛井寺本尊・十一面千手千眼観世音菩薩

国宝の本尊について言及してみたい。

千手観音像は立像《りゅうぞう》が一般である。ここ葛井寺の本尊は、長一二五・五センチ、大きな坐像なのだ。錫杖《しゃくじょう》と斧鉞《ふえつ》を立像と同じように、左右それぞれの手で突いていられる。斧鉞とはオノとマサカリを組み合わせたような形の尖頭に長い柄《え》をつけた一種の武具。

立像ではほとんどのばあい、合掌手（本手）の下に、宝鉢を掌にうけた組み手がみられる。この坐像は合掌手のみ。しかも、一般的な四十二臂《ひ》の像ではない。大手を三十八臂《ぴ》もっていられ、加えて、小手の数がかぞえきれない。

本体と合掌手が脱活乾漆《だっかつかんしつ》。粘土で原型をつくり、上に数枚の麻布を漆《うるし》で塗りかさね、乾燥してから中の原型を抜き取って仕上げてある。

大手三十八臂は木心乾漆《もくしんかんしつ》。木心に麻布を貼り、上に漆を塗って仕上げてある。無数の小手は木造漆箔《しっぱく》。

おそらく、本手・大手・小手すべてを合わせた数が、造立された当初は正しく千手だったのであろう。

作者が稽文会という仏師であると伝わるところにも私は感懐をおぼえてきた。

浄土教美術の宝庫といわれる京都で、最も古い阿弥陀如来像が太秦《うずまさ》の広隆寺《こうりゅうじ》講堂にみられる。瞼が細く長く切れて眼光の鋭いお顔なのだが、そこに一面、限りなく艶福でエキゾチックな雰囲気を私は感じ、作者は誰か調べてみたことがあった。『続古事談』に見つけた名が稽文会。室生《むろう》寺《じ》金堂の十一面観音像にも同様の雰囲気を感じるので、もしやと思って調べると、そちらも稽文会であった。写真でしか接していない葛井寺の本尊だが、やはり和様ではない雰囲気をただよわせていられる。

広隆寺の阿弥陀如来像は、私の推定するところ、天長年間後半（八二八―八三三）に造立されている。室生寺の十一面観音像はこれより少し先立つだろうか。稽文会が平安時代初期の仏師であったことが分かる。葛井寺の現本尊は、創建時まではさかのぼらず、阿保親王によって復興された時期に造立されたのであろう。

稽文会に私はインド系の人ではないかと心証をもったことがあったが、葛井氏との関係を想定すれば、百済系の渡来人であって、作風はそこに由来するのかもしれない。

市中の寺は境外の建物などに景観を侵されていることがある。さいわい、葛井寺はまだそういう異物が目に入らない。

本堂では、須弥壇《しゅみだん》上の本尊が秘されている大きな仏龕《ぶつがん》の左右に、聖観世音菩薩立像と地蔵菩薩立像を拝する。私はこの二尊像の気品にみちたお姿にうたれたのだった。

本尊は毎月十八日に開扉《かいひ》される由である。そうと知ったからには、おそばに寄せてもらって合掌したい。つぶさに尊容を拝したい。その日が来るよう願っている。

第六番・壺阪山 南法華寺 ［壺阪寺］
第七番・東光山 龍蓋寺 ［岡寺］

お里の祈願

巡路は大和へ。第六番の南法華寺《みなみほっけじ》へむかう。この霊場は「壺阪寺《つぼさかでら》」の通称で名高い。浄瑠璃・歌舞伎の『壺坂霊験記《つぼさかれいげんき》』で語られ演じられるように、検校《けんぎょう》の夫、沢市《さわいち》の目を治そうとする妻お里の祈願は、観音さまに届いたのだ。

観音さまの正しい呼称は観世音菩薩。観自在菩薩・救世《くせ》菩薩などとも呼ばれているが、『観音経』には最初に、このように説いてある。

仏告無尽意菩薩《ぶつごうむじんにぼさつ》。若有無量《にゃくうむりょう》、百千万億衆生《ひゃくせんまんおくしゅじょう》、受諸苦悩《じゅしょくのう》、聞是観世音菩《もんぜかんぜおんぼ》薩《さつ》、一心称名《いっしんしょうみょう》。観世音菩薩即時観其音声《そくじかんごおんじょう》、皆得解脱《かいとくげだつ》。

「仏は尽きない知恵をもつ修行者（無尽意菩薩）にお告げになった。――もし、数かぎりない百千万億の生ある者が、もろもろの苦に悩まされているとしても、観世音菩薩がいらっしゃることを聞き、一心に、「観音さま・観世音菩薩さま」と名を称《とな》えたとしよう。観世音菩薩は即時に救いを求めるその音声《おんじょう》をお聞き取り（お観じ）になり、すべての者を苦悩からお解き放ちになるであろう――」と。

観音さまは、世の人びとが救いを求めてあげる音声をお聞きになり、救いの手をさしのべてくださる。しかし、聞世音《もんぜおん》ではなく観世音であるゆえんは、この現世でわたしたちが苦しみから発する願いは、実音声にならないばあいもあるからである。「観音さま、夫の目を見えるようにしてください」。お里にしてみても、この願いを声に出して発したのではなく、心に深く念じつづけたのかもしれない。観音さまは、そういう実声にならない音声をまで察知し、観じ取ってくださる。だから、観世音菩薩なのである。

話は文武《もんむ》天皇（在位六九七―七〇七）の治世へさかのぼる。当時の飛鳥《あすか》には、官寺として元興寺《がんごうじ》が栄えていたが、その官寺に籍をおく弁基《べんき》という渡来人の僧があった。弁基は水晶の壺に小さな観音像を入れて肌身離さずもち歩いていた。その弁基があるとき、山坂の途中に小さな仏堂を建て、壺もろともに観音像を安置したのだという。

当山は、飛鳥の南、高取山《たかとりやま》の中腹に位置している。まさしく吉野へ越える山坂の途中にあたる。弁基が建てた小さな観音堂を端緒に一寺が発展したことを示して、当山は旧《ふる》く壷阪山寺《つぼさかさんじ》とよばれていた。

私は「僧弁基をして還俗《げんぞく》せしむ」と記す『続日本紀《しょくにほんぎ》』の大宝元年（七〇一）三月十九日条に注目せずにはいられない。

飛鳥・藤原京の時代は、仏教をひろめるために渡来していた僧たちが、多く還俗させられている。これは後世にみるような刑罰の意味をもつ還俗ではない。学問・教育部門を担当する官僚として、時の政府が還俗を条件に渡来僧たちを登用したとみるべきなのだ。

弁基はインド人ではなかっただろうか。春日蔵首《かすがくらおびと》という名をもらった弁基は、政庁に常勤することになった。政府は弁基が去った壷阪山寺に、元興寺から僧一名を配した。春日蔵首はこののち、常陸介《ひたちのすけ》（茨城県副知事）を務めたりし、文人としても名をあげて『万葉集』に短歌七首をとどめている。

壷阪観音の救盲信仰

私はところで、壷阪観音に救盲《きゅうもう》の信仰がいかに生まれたか、そこに言及しておきたい。

元興寺に古来おこった霊験奇瑞をしるす『日本感霊録』という文書《もんじょ》が、断簡として伝わっている。

平安時代に入って承和《じょうわ》十三年（八四六）のこと。豊満とよばれる一常民が疫病をわずらって両眼を失明した。元興寺の観音さまに祈願すれば治してもらえるよ。そう教えてくれた人があり、豊満は翌年九月、摂津からはるばる元興寺をおとずれ、昼夜をわかたぬ頂礼《ちょうらい》と称名をつづけた。断簡だから推量をまじえて読むほかはないのだが、百度参りをしたらしい。十二月中旬、豊満は開目して観音像を正視できたと読める。元興寺はこののち火災に遭い、救盲の霊験あらたかな観音像は壷阪山寺へ移安されたらしい。その結果、元興寺は衰微の一途をたどって今日の飛鳥寺となり、壷阪山寺のほうは観音信仰がますます沸騰、寺観を大きくしたのだとみることができる。

周知のように、平城京には光明皇后《こうみょうこうごう》が創立した法華寺があって、平安時代、十一面観音像が庶民の信仰の大きな対象となっていた。壷阪山寺はおそらく、平城京の法華寺と信者・講《こう》中《じゅう》を分かち合ったところに、いつのころか、南法華寺を正称とすることになったのであろう。

この霊場も、旧参道とは別に山腹を登るバイパスが通じて、参拝が易しくなっている。

本堂は、二間八角造りの円堂、八間・六間の拝堂、二棟から

壷阪寺、三重塔と石彫レリーフ

成る。本尊は十一面千手観世音菩薩坐像。円堂宝殿に安置してある本尊を拝堂から合掌する。

昭和の戦後、壺阪寺は社会福祉事業に注力するかたわら、寺観のユニークな整容を遂げてきた。「匂いの花園」が完成している。初夏にはここにラベンダーの花がいちめんに咲く。他にも香りのよい草花のみが選択して植栽されていて、四季を通して目の不自由な人たちを慰めている。

インドから大観音像がもたらされた。さらに釈迦一代記を表わす、全長五十メートルにおよぶ一大石彫レリーフも完成している。

インド生まれの観音さまのほうは高さ二十メートル、花崗岩の大立像である。図面に描いた原像を縦横の賽《さい》の目に分割し、部分の一つ一つを彫成して組み立てる、賽割法《さいわりほう》で造成されている。全重量が千二百トンもあるので、六十六個に分けて彫成された石がインドから運ばれてきたのだそうである。

この大石像が柔和な、母のようなお顔をしていられる。私はとくに、向かって斜め左に立って仰ぐお顔から、慈愛を注がれる感じを受ける。

——お壷のなかの観音さまが、こんなにも大きくなられた。

ふと、そんなふうに思った刹那、観音さまが微笑されたように見えたことがあった。

観音の申し子・義淵

東光山《とうこうざん》龍蓋寺《りゅうがいじ》も、通称の「岡寺《おかでら》」で知られてきたといえるだろう。

ここは飛鳥の東の岡の上。舒明《じょめい》天皇が営んだ岡本宮の跡が寺地となっている。

舒明の子、中大兄皇子《なかのおおえのおうじ》（天智天皇）が皇極四年（六四五）に大化の改新を断行した。それから未だ年の浅かったころのことである。

百済《くだら》から帰化した市往《いちき》某という人があった。市往夫妻は子に恵まれないのを歎きながら飛鳥のはずれに暮らしていた。

ある夜のこと。赤子の泣くような声がする。夫妻は怪しんで家の外へ出てみた。柴垣の上に白い布包みが置いてある。布には香が薫《た》きしめてあるらしい。よい匂いがする。結びをほどくと生まれたばかりとおぼしき男の子が現われた。

——わたしたちは年ごろ日ごろ、元興寺の観音さまに子をお授けくださいとお願いしてきた。この子はきっと観音さまがお授けくださったにちがいない。

そう信じて疑わない夫妻だった。

市往夫妻に慈《いつく》しまれて男児はすくすく育ち、元興寺へかよって学問をするうち、英才のうわさが広まるまでになった。

うわさはついに天智天皇の叡聞《えいぶん》に達したのである。

時は近江大津京がひらかれる天智六年（六六七）以前であっただろうと思う。『続日本紀』『扶《ふ》桑略記《そうりゃくき》』などによれば、天皇は英才の男児を猶子《ゆうし》として、旧岡本宮に皇子たちと一緒に住まわせたという。男児はいわば皇子たちの家庭教師に登用されたのかもしれない。

天智崩じて英才は中国にわたった。さらに時は移り和銅三年（七一〇）、藤原不比等《ふひと》が平城京に一族の菩提寺として興福寺を中興する。帰朝後、飛鳥にあって義淵《ぎいん》の僧名でよばれていた英才は、興福寺へ入り、玄昉《げんぼう》・行基《ぎょうき》・良弁《ろうべん》など次代を担う仏教者を育てた。

龍蓋寺を含めて義淵は龍の字をもつ寺院を五つ起こしている。「竜」は想像上の動物とみなされがちだが、インド神話では蛇を神格化した概念である。ヨーロッパの古伝説にみるドラゴン（竜）も大蛇。仏教上に現われる竜も善悪両面で人間生活に作用しながら、やはり大蛇の形跡をとどめている。義淵は薬石をもきわめ、大蛇を調教あるいは退治する術にまで長《た》けた人であったにちがいない。ここ岡寺すなわち龍蓋寺には、義淵が悪竜を法力で閉じ込め大石で蓋《ふた》をしたと伝わる「龍蓋池」が現存する。

義淵が入寂したのは神亀五年（七二八）十月。義淵の養父は先に記した市往氏、養母は阿刀《あと》氏の出であった。市往氏は血縁者少なく、阿刀氏は多かったらしい。義淵入寂の前年十二月十日、聖武天皇は義淵の人となりと教義をたたえ、長年にわたって皇室の仏事を管掌した功績をもたたえて、母方の兄弟に岡本宮の跡地を分け与えている。『続日本紀』の記すところを私はそのようにも読み取るのだが、岡寺の寺基が定まったのはこのときであっただろうか。

岡寺本尊とその造立者

飛鳥は大学生のころから歩いているので、私には懐かしい土地だ。平成十三年四月二十七日。バス・ツアーで、ほぼ二十年ぶりに岡寺をおとずれた。

以前は里道から石の鳥居をくぐって仁王門まで、急坂を登るので一汗をかいたのだった。今は石舞台へ至る観光道路がその急坂をよぎっていて、駐車場も完備している。仁王門へのアプローチは短縮され、歩行も楽になった。

境内は岡の勾配を自然のまま築山《つきやま》として見立て、庭園に造成してある。花木がたくさん植わっている。シャクナゲが満開であった。すでに牡丹《ぼたん》も花をつけていた。

開山堂にまず、義淵僧正の坐像を拝した。

国宝に指定されている木心乾漆《もくしんかんしつ》の像である。袈裟《けさ》をゆったり身にまとい、結跏趺坐《けっかふざ》する清廉《せいれん》な老僧。お顔は額と頬に深い皺が幾条も刻まれている。活眼《かつがん》を大きくひらいて、うつむきかげんに幽遠な世界を見つめていらっしゃる。

開山堂の東に本堂が軒を接する。本尊は塑造《そぞう》の如意輪観世音菩薩坐像。霊場の本尊は秘仏が多いが、ここ岡寺の本尊は秘仏ではない。拝する前から胸がときめいた。

本堂は正面三間・側面五間という構造で、他の霊場本堂と比して大きくはない。ところが、本尊は高さ四・五メートル、塑造の現存仏像としては最大級の作例である。

五間という本堂の奥行は、手前の一間が吹き抜けの拝所、中の二間が外陣、奥の二間が内陣に仕切ってある。本尊は内陣の中央に荘厳具《しょうごんぐ》などは添えられず安置されている。わたしたちは外陣から、何ものにも遮《さえぎ》られず、本尊と向かい合うことができる。本堂のこの開放感がありがたい。

——どうも、ご無沙汰しておりました。

塑土《そど》（粘土・石膏）を盛り固めて作られている本尊に、私は生身《しょうじん》の温かみを感じて、合掌するより、心にまず呟《つぶや》いてしまった。

お姿は目鼻立ち秀麗、御手は与願施無畏印《よがんせむいいん》を示していられる。右手をあげ左手を下げた印相、粉河寺《こかわでら》の童男像にみた、あの印相である。ちなみに、東大寺の盧舎那仏《るしゃなぶつ》（大仏）も同じ印相である。

聖武天皇の信任が篤く東大寺の大仏造立を管掌したのは良弁《ろうべん》だった。近江の石山寺を良弁は夢告をえて開創、如意輪観音を本尊としたところから、大仏鋳造が軌道にのっている。岡寺のこの塑像は石山寺の本尊とも像容が似る。

東大寺大仏には、蓮弁の正面に、やはり与願施無畏印を示す釈迦如来像の毛彫《けぼり》がみられる。その像容がまた本塑像とよく似ているのである。私が注意するのは、毛彫像の施無畏の右手に如意宝輪《ほうりん》が線描され、与願の左手に如意宝珠《ほうじゅ》らしきものが同じく線描されていることだ。釈迦如来という伝えは誤りで、蓮弁の毛彫像は如意輪観音ではないのだろうか。岡寺の本塑像も、もともとは、右手に宝輪をかけられ、左の手のひらに宝珠をのせていられたのではなかったろうか。

岡寺の本塑像の造立者を道鏡《どうきょう》とする伝えがある。道鏡は義淵に学んだ一人。義淵から如意輪法を修したと伝わるところに、造立説が流布したのであろう。

空海がインド・中国・日本三国の粘土で本塑像を造らせたとも伝わっている。空海の母は阿刀氏の子孫。そこに空海造立説が芽生えたともいえるだろう。

私はしかし、この二つの伝えに馴染めない。

義淵が如意輪観音を信仰し、師のその信仰を継承したのが良弁であっただろうと思うのだ。義淵はここ岡寺に葬られている。東大寺大仏造立の難事業を完遂させた良弁こそが、師への奉謝に本塑像を施入したとみるのがふさわしくはないか。私はこのたび、そういう心証を払拭《ふっしょく》できなかった。

シャクナゲの小径を分けて岡の築山《つきやま》をめぐる。三重塔のたつ台地へ出た。

室生寺《むろうじ》の五重塔にちかく小ぶりで、気品のある塔である。五百十年ぶり、昭和六十一年秋に再興された。台風で先年損傷した室生寺塔を修復された工匠がこの塔を建てていられる。屋根の勾配がゆるやか、かつ円やか。しかし、四隅の切っ先が鋭い。そういうところにまで室生寺塔との

岡寺より飛鳥遠望

似かよいを感じる。

台地から西方のロケーションを確かめる。聖徳太子の生誕地に建った橘寺《たちばなでら》が見え、元興寺とともに栄えた川原寺の跡も見える。飛鳥川が蛇行し、甘樫《あまかし》の丘がうずくまっている。甘樫は飛鳥びとたちが幼い子をあやすがごとく大切に守ったという丘である。視界の右端に旧元興寺（飛鳥寺）も覗いていた。

三重塔のそばには一幹の山査子《さんざし》が花ざかりであった。バラ科の落葉低木で、花は白梅に似る。贔屓目《ひいきめ》かもしれないが、白梅よりさらに清楚で佳麗なのだ。プルーストは『失われた時を求めて』のなかに「サンザシの花たちは、花に対する私の初恋の対象だった」と書いている。少年プルーストが愛着したのは西洋サンザシだが、私は『失われた時を求めて』を読み返しているさなかだったから、山査子との邂逅《かいこう》がうれしかった。

土地に対する私の初恋の対象は飛鳥であった。その土地をこの霊場の三重塔の建つ高みからこころゆくまで見晴るかせた。快晴で爽やかな風があった。

第八番・豊山　長谷寺［初瀬寺］

隠りくの泊瀬

長谷寺《はせでら》が位置する初瀬《はせ》という地は、古く「隠《こも》りくの（山間《やまあい》に隠れている）泊瀬《はつせ》」とよばれていた。名古屋方向にむかう近鉄大阪線の電車が、大和平野をあとに、桜井駅を発車する。電車はしばらく、三輪山《みわやま》のすそを巻く初瀬川に沿って走行する。昭和四十年代以前のことだが、車窓から見る初瀬川の流れは、水晶の珠が散るように、きらきら光っていたものだ。当時のこの川の清冽さを今に記憶する人がいらっしゃるのではないだろうか。

大和には、和歌で名高い佐保《さほ》川・布留《ふる》川・竜田川・飛鳥川をはじめ、多くの川が流れるが、最も水の清い流れが初瀬川であった。

『日本書紀』が天武天皇二年（六七三）四月の条に、「大来皇女《おおくのひめみこ》を天照大神宮《あまてらすおおみかみのみや》（伊勢神宮）に遣侍《たてまだ》さむ（奉仕させよう）として、泊瀬の斎《いつき》の宮《みや》に居《はべ》らしむ。ここは先ず身を潔《きよ》めて、稍《やや》（徐々）

に神に近づく所なり」と記述する。折から、水稲《すいとう》の文化をつちかうこの国、瑞穂《みずほ》の国の基礎が固まろうとしていた。これ以降、歴代斎宮《さいぐう》には未婚の皇女がえらばれ、その皇女は必ず水に縁のふかい地に設けられた野の宮にこもって身を清め、川と水を司る全国の神々を集合的に祭祀する日々をおくったのち、伊勢神宮へ発向している。大来皇女がこもる野の宮は初瀬川源流の山間の瀬に設けられたのだが、つまり、これが斎《いつき》の宮《みや》の端緒となった。

土地の名には往々に、名が定まった当時の事情が秘められている。ここは、斎宮がはじめて神々を祭祀するために泊まった川瀬をもつ土地であるから、泊瀬・初瀬とよばれ、流れの名も初瀬川となったのであろう。

斎の宮に次いで、長谷寺の前身、本《もと》長谷寺が朱鳥元年（六八六）に創始されている。その場所は、大来皇女がこもった斎の宮の少し下流、初瀬川にそそぐ長い谷の岡の上であった。国宝の銅板「法華経説相図」が現長谷寺に伝わる。この銅板にみる銘文などから、天武天皇の病気平癒を祈願して、道明という僧が本長谷寺の最初の堂塔を起こしていることが分かる。

熊野でみたように天照大神は十一面観音の応身《おうじん》である。だから、斎の宮とのゆかりで本長谷寺には十一面観音像が安置された。祈願空しく天武天皇が崩じたあと、本長谷寺は斎の宮の遺構とともに、飛鳥政庁の女官たちによって維持されたとみることができる。

隠りくの泊瀬小国《はつせおくに》に妻しあれば石は踏めどもなほぞ来にける

泊瀬の国に妻がいるので、石が多い歩きにくい道だけれども、それでもなお、わたしは妻と一夜を共にしたいのでやって来たことだ——。

作者の妻は本長谷寺と斎の宮の遺構への奉仕に飛鳥から出張していたのであろう。椿市《つばいち》（現桜井市）から初瀬川沿いをさかのぼる道は大きな石がごろごろしていた。そのおもかげは今もある。この万葉歌の作者はおそらく、飛鳥から椿市を経て泊瀬へ急いだのであったろう。

本尊に額ずいた王朝の女性たち

本長谷寺には像高二尺六寸の観音像が安置してあった。道明の弟子として育ったのが徳道《とくどう》である。甥《おい》の聖武天皇に譲位したばかりの元正《げんしょう》女帝から命をうけて、徳道が長谷寺を中興する。それは神亀《じんき》元年（七二四）から同四年へかけてであった。本堂がこのとき、長谷《ながたに》を挟んで、西の岡から東の岡へ移建され、本尊も旧像に十倍する二丈六尺の巨像となった。

豊山《ぶざん》長谷寺の名を聞いて、木彫ではわが国最大の像、本尊の十一面観世音菩薩立像をまぶたにされる人が多くいらっしゃるだろう。現在のこの本尊は天文七年（一五三八）に再興されており、像高は三丈三尺六寸（一〇・一八メートル）ある。長谷寺は牡丹《ぼたん》でも名高い。牡丹の花を回想する人もいられるだろう。

私は今日のこの霊場を紀行するに先立って、王朝の物語・日記にしばしば現われる長谷寺をま

長谷寺本尊・十一面観世音菩薩

ず思う。物語・日記では、幾多の人物が二丈六尺であった本尊、十一面観音像に夜を徹して額《ぬか》ずく参《さん》籠《ろう》をしている。そこで注意をひかれるのは、参籠者の大半が教養の高い女性であったことである。

王朝の女性たちは伊勢斎宮に畏敬の念をかけている。飛鳥・奈良時代には女帝を輩出したのだが、平安時代に女帝の登極《とうきょく》はない。男尊女卑の風潮をつよめる現実の社会を、知識階級の女性たちは国家的な反定立《はんていりつ》と考えた。そこに彼女たちは天照大神を国体そのものの祖霊とみなして拠りどころとした。天照大神への奉仕に全身全霊をかたむける伊勢斎宮という存在があることが、同次元で彼女たちの精神生活を支えたのだといえる。そして、斎宮への一種のあこがれをとおして、天照大神の本地身《ほんじしん》である十一面観音を思ったとき、彼女たちの意識は、斎宮のふるさとと初瀬へむかったのである。

唐、新羅にまで及んだ長谷観音の効験

王朝の知識階級の女性たちが帰依《きえ》したところに、長谷寺は寺観を大きくしていった。発展の過

程には、長谷観音にたいする女性たちの賛仰心《さんごうしん》を刺激した出来事がたびたび起こっている。『長谷寺霊験記』という古記録から三つの事例を拾っておきたいと思う。

元正女帝から皇位を継いだ聖武天皇が、光明皇后との間にもうけた高野皇女《たかののひめみこ》（孝謙天皇）に譲位して、年号は天平勝宝と改まった。時は天平勝宝五年（七五三）のことである。孝謙女帝は長谷寺の観音像に国家安泰を念ずる大法会《だいほうえ》をおこなった。その夜、聖武法皇の夢に長谷観音が示現《じげん》して、こうお告げになったという。

――世の中が濁って男性たちが荒れている。女性のみが男性の心をしずめて平和な国家をつくることができる。わたしは婦女の身となって、末代までこの国を護ってあげよう。

観音さまはこの人間世界に三十三様の姿を現わしてわたしたちを救ってくださるが、その三十三身の一つが婦女身。『観音経』に「即現婦女身《そくげんぶにょしん》、而為説法《にいせっぽう》」とみえるが、ここに当てはまるといえるだろう。

女性にたいして長谷観音がお示しになる効験は、遣唐使とその随行者たちによって、中国大陸へまで伝わるところとなった。

唐の僖宗《きそう》に「馬頭《ばとう》夫人」とあだなされる妃《きさき》があった。家柄が良いから妃となったが、名のとおり顔が馬を連想させてよろしくない。人並みの容貌にしてください。夫人は長谷観音に念じつづけた。ある夜の夢に香瓶《こうびょう》を手にした婦人が現われて、この香水を顔につけようとうながす。夢に夫人は何回も香水をつけた。翌朝、夫人が鏡に顔を写すと、なんとその顔のうるわしいこと。この日以来、夫人は僖宗の寵愛をうけたのだという。

ちなみに、長谷寺の現本尊は、錫杖《しゃくじょう》を右手にされるが、左手にもたれるのは蓮の花が挿された香瓶だから、含み深長である。

唐暦の乾符三年（八七六）六月、馬頭夫人は現在の寧波《にんぽう》（上海の南）から大船を仕立て、もろもろの宝物を長谷寺へ送った。「仏の御中には、初瀬《はつせ》なむ日本《ひのもと》の中《うち》にはあらたかなる験《しるし》あらはしたまふと、唐土《もろこし》にだに聞こえあむなり」。これは紫式部が『源氏物語』玉鬘《たまかずら》の巻で登場人物に語らせていることば。馬頭夫人の喜捨《きしゃ》は事実で、京都の宮廷女房社会にひろく知れわたるところとなっていたのであろう。

朝鮮半島にも長谷観音の効験はきこえていたらしい。

新羅《しらぎ》の照明王は第一皇妃をこよなく愛していた。隣国と戦乱が生じたとき、王は信頼する一近臣を宮廷にとどめ、皇妃の身辺を守るよう命じて、出陣して行った。ところが、近臣のほうは皇妃をひそかに恋慕していた。忍び寄って皇妃を犯してしまう。凱旋した王はこの不始末を知り、皇妃の長い黒髪を木の枝にくくりつけ、皇妃を宙吊りにした。

長谷観音に皇妃は平生から深い帰依心をもっていた。生死のさかいで長谷観音を念じつづける。夜になった。一童子が忽然《こつぜん》と現われて、宙に浮く皇妃の足下に黄金の椅子を差し入れる。童子は滋味ゆたかな食物をまではこんできた。こうして昼夜が経過したが、皇妃以外の人の目には、童子も椅子も食物も映らなかった。

照明王は怒りにのぼせてした己《おの》が仕打ちを悔やみはじめていた。皇妃を赦《ゆる》そう。生きていてくれ。王はとうとう皇妃のもとへ走った。すでに絶命しているかと皇妃を案じたが、その皇妃が以前よりも美しく、艶々とした血色で木に吊りさがっている。一部始終を皇妃から聞かされた王は、長谷観音の利生《りしょう》を信じた。

照明王は船を構え、七名の義臣を使者として、長谷寺へ三十三種の宝物を奉納することにした。その宝物が長谷寺へ届いたのは天暦《てんりゃく》六年（九五二）三月であったという。

長い登廊と牡丹が語るもの

長谷寺は門前町をもっている。古い旅籠《はたご》・茶店などが昔のおもかげをとどめる門前町の参道を歩む。中興の祖である徳道の廟所《びょうしょ》、法起院《ほっきいん》をすぎると参道は迂曲《うきょく》し、行く手に壮麗な仁王門が現われる。

『蜻蛉日記《かげろう》』の作者、右大将道綱の母が初の長谷参りをしたのは、安和元年（九六八）の秋であった。門前町がすでに形成されていたようだ。道筋の賑《にぎ》わいに驚きをみせている。山内へはいると厳粛な別世界であったから、門前と山内の雰囲気の落差に戸惑いの色を隠していない。

仁王門をくぐり、わたしたちは本堂へむかって長い登廊《とうろう》をのぼる。

柱の間隔が全長百八間、段数が三百九十九段。登廊は回廊形式の階段である。見あげる梁《はり》には、一つ一つの中央に、優雅な球灯《たまどう》籠《ろう》が吊られている。灯籠の列《つら》なりの奥ゆかしいこと。往日の参籠者は、夕暮れを待って、灯籠の仄《ほの》かな明かりに照らされながら、この回廊をのぼっていった。

登廊の周辺が牡丹の園《その》である。五月はじめの飛び石連休をはさんで、その前後、咲き溢《あふ》れる牡丹の花のなんと艶麗なことか。黄や紫の花まである。植栽されている数が、今では百五十種類、七千株を超えるそうだ。

牡丹のふるさとは中国の山東・江蘇省。奈良時代にはまだ渡来していなかった。寺伝では、馬頭夫人から送られてきた献上品のなかに牡丹の原木があったのだとする。文献に現われるのは『枕草子』が最初である。そこから類推をすれば、牡丹の花はこの国でまず長谷寺に咲き、やがて京都の宮廷と各地へひろまったとみてよいのかもしれない。

長谷寺の長い登廊

登廊をのぼりながら私はこんな思いをもったこともある。

身分のある往日の女性たちの参拝装束は、腰から下に裳《も》を垂らしていたらしい。裳裾《もすそ》がまといついて急な階段はのぼれるものではない。登廊の段差が極端に低く勾配も緩《ゆる》いので、ああこれは雅《みや》びな女人の便宜をはかった女坂なのだと、またまた王朝の気色を偲んだのであった。しかし、その緩いのぼりにも、現在は呼吸《いき》を切らせて本堂へたどり着く私である。

本堂は南面する入母屋造りの大建築で、正堂と礼堂の接合から成る。正堂は桁行《けたゆき》九間・梁行《はりゆき》五間、中央に大尊像がお立ちになっている。礼堂は九間・四間、大きな外舞台をもつ。崖の上に張り出した外舞台は、観音の本地、遥か南の熊野をまで参拝者が心眼で望見するよう設けられたのであろう。

『平家物語』「泊瀬六代」の段

大尊像は閻浮檀金《えんぶだんごん》という色、紫みをおびた金色《こんじき》にかがやいていられる。秘仏ではない。昔から参拝者と目と目を合わせる流通を意思してこられた観音さまなのだ。礼堂からお顔を仰ぐにとどまらず、内陣参入を申し出て、おそばに額ずきたい。

大いなるお御足《みあし》へ触れることが許されている。久しい年月をかけて、何百何千万という人たちがこのお御足に手をあててきたのではないだろうか。私はお御足に触れながら、『平家物語』の

「泊瀬六代《はせろくだい》」の段を思い起こしたことがあった。

六代は熊野の青海原に入水した平維盛《たいらのこれもり》の嫡男。平家が壇之浦に滅ぶや、頼朝は平家の子弟狩りを将兵に命じた。幼い男児たちが生きたまま土中に埋められていった。十二歳の六代がついに捕らえられ、鎌倉へ押送《おうそう》される。助命嘆願に文覚《もんがく》が鎌倉へ馬を馳せていた。頼朝には大恩ある文覚とのあいだに生涯の約束があった。「わたしが生きているかぎり、御房《ごぼう》の申し出は何であっても叶《かな》えよう」というのがそれ。しかし、「六代は平家の嫡流《ちゃくりゅう》、誰申すとも叶うまじ」と頼朝は文覚の助命嘆願をはねつける。

涙に床も浮くばかり泣き暮らした六代の母が、最後に取り縋《すが》ったのが長谷の観音さまである。母は大尊像の御足にひれ伏してわが子への加護を念じつづけた。頼朝がとうとう文覚の執心に根負けする。六代の身柄が文覚上人に預けられたという報を、郎等が長い登廊を駆けあがって届ける。母は「夢かや、夢か」と御堂から転がり出た。

時が経った。六代は僧侶となっていた。「平家の嫡流、頭《かしら》は剃ったりとも、心をばよも剃らじ」。頼朝がこの言をのこして命終《みょうじゅう》したから、六代はやはり斬られる。しかし、「十二の歳より、三十にあまるまで保ちけるは、ひとえに長谷の観音の御利生《ごりしょう》とぞ聞こえし」と『平家物語』は結ぶのである。

外舞台からの展望がすばらしい。緑のふかい山々がたたなづく。西の岡には五重の塔が屹立《きつりつ》している。眼下の谷には、手にとるように伽藍の一つ一つが見わたせる。

この霊場の山内は、長谷《ながたに》を中にして、逆U字形に堂塔をめぐれるよう散策路が敷かれているが、礼堂の外舞台に立つとき、そういう配置にも頷《うなず》かされる。

本堂の裏に出て、本長谷寺の跡、西の岡へと歩む。

楓《かえで》の木が多い。晩秋から初冬へかけて、紅葉の樹冠の波の美しさには、これまた目を細めずにはいられない。

参拝者のおびただしい霊場であるにかかわらず、塵埃《じんあい》を逃れ、山内に端整で高潔な雰囲気が遍満している。それもこれも、この霊場がつちかってきた歴史の気韻なのであろう。

観音さまは、真観・清浄観《しょうじょうかん》・広大智慧観・悲観・慈観という五つのまなざしで、わたしたちの営為をごらんくださっている。

私は西の岡、本長谷寺の小さな御堂のあたりに佇《たたず》むのが好きだ。谷をへだてて本堂を眺めていると、大尊像が瞼によみがえる。長谷の観音さまは、慈観ばかりでなく、清浄観・広大智慧観でこの国土そのものを観てくださっているのではないか。そういう思いが私の胸にはふつふつと湧いてくる。

第九番・興福寺　南円堂

藤原一族の寺・興福寺

興福寺南円堂《なんえんどう》の本尊は不空羂索《ふくうけんじゃく》観世音菩薩坐像。珍しい観音像である。西国観音霊場でこの観音さまを本尊にいただくところは、ここ南円堂しかない。

昔は漁猟にもちいる綱・網などを羂索《けんさく》とよんでいた。仏教は五色の糸をよりあわせてつくった縄状の仏具を「羂索《けんじゃく》」とよぶ。その羂索のうえに、空しからざる、失敗しない、という意の修飾語「不空」が冠してある。不空羂索観音は、輪縄を手になさっており、つまり、迷妄の海におぼれようとするわたしたちを、輪縄にとりすがらせ、漏《も》れなく救おうとしてくださっている。

飛鳥藤原京から平城京へ都が遷《うつ》ったのが和銅三年（七一〇）。藤原不比等《ふひと》は遷都《せんと》にあわせて、藤原一族の氏寺という性格をもつ興福寺を平城京に中興した。

主要な堂宇《どうう》の造営経過にふれておこうと思う。

和銅七年にまず中金堂が落慶。養老四年（七二〇）に不比等が他界、その一周忌に北円堂が建った。次いで神亀三年（七二六）に東金堂、天平二年（七三〇）に五重塔、天平六年には西金堂、さらに天平十六年までに講堂が建っている。

不比等には四名の子息があって、藤原氏は南家・北家・式家・京家の四家系に分立したが、平安建都後に家運を高め、氏長者《うじちょうじゃ》となったのが北家である。

南円堂は北家の藤原冬嗣《ふゆつぐ》によって弘仁四年（八一三）に造立されている。冬嗣はこのとき、講堂の本尊であった不空羂索観音像を南円堂の本尊として迎えている。

それぞれの位置を示して東・中・西とよばれた金堂を三棟も擁し、円堂また南・北二棟となったこの大寺院は、南円堂の落慶によって往時の寺観を完成させたのであった。

藤と橘の香の中に

今日の興福寺は境内が奈良公園とよばれている。築地塀がほとんど失われてしまっているから、どこからでも出入りができる。しかも、境内の西がわは市街地に隣接している。近鉄奈良駅からアーケードの商店街をゆくと、切り通しの坂が現われて、境内へいざなってくれる。坂の上に立ち、左をみれば北円堂、右をみれば南円堂。私はこのアプローチが好きだ。

平成十四年の春は桜の花が早かった。南円堂を久しぶりにたずねたのは四月二日。奈良公園の桜はすでに散りはじめていた。

南円堂は、法隆寺の夢殿に似た外観をもつ、八角平面の円堂である。本瓦葺《ほんかわらぶき》の屋根は屋頂に火焔のついた露盤宝珠をあげている。

北円堂も同じ様式の建物だが、南円堂のほうが屋根の反り立ちが高い。屋頂の露盤もつくりが美しい。鬼瓦がみおろす軒端の八隅には風鐸《ふうたく》がさがっている。吹き寄せた桜の花びらが松木立のなかを舞う。その松木立の透《す》きに覗《のぞ》く南円堂のたたずまいの壮麗さに私は胸を洗われた。

時々あることだが、残念にも、この日は御堂の扉が閉まっていたのだ。しかし、参拝者はひきも切らず、正面の軒端《のきば》、向拝の下は紫煙がたちこめる。順番を待って、観音十念、私も線香をあげた。

向拝の左右には、江戸時代の名所図絵《めいしょずえ》にもみえるとおり、藤と橘《たちばな》が植わっている。平安京で藤原貴族は自邸に藤を植えていた。松の不変の緑に皇室の長久を仮託して松に藤を添いのぼらせたり、藤棚を設けたりしている。

南円堂に遊ぶ神鹿

一家に男子が出生すると母屋《おもや》の軒端に橘を植える。男子が成年に達するころ、橘は純白の粒花を咲かせて爽やかな芳香を放つ。藤原氏の青年は橘の花の香を衣服にたきしめた。現在も男性用へアリキッドなどが柑橘類の香を主成分としている。藤原氏の生活習慣で、橘の香は男性の身だしなみに無くてはならないものであった。

藤・橘は藤原氏を象徴する。冬嗣は一族の繁栄を自己がたのみとする観音さまに念じて、御堂を造立した当初から、この二種の植物をそばに植えたのではなかったろうか。

御堂と藤棚をへだてて「一言観世音」と扁額《へんがく》のかかる堂宇がみられ、十一面観音像が請来《しょうらい》されている。昔はここに『日本書紀』が葛城山《かつらぎさん》の神とする、一言主神《ひとことぬしのかみ》が祀ってあった。いつのころか、神仏習合で、神さまが観音さまに応現されたとみるのが正しいかもしれない。

一言堂の庇《ひさし》の下も参拝者の群れ。輪のなかから、引率者らしい女性の声が聞こえてきた。

――たくさんのお願いはいけません。一言だけお願いをしますの。すると、この観音さまはその一言を必ず叶えてくださるのです。霊験あらたかな観音さまなのですよ。昔は身分の高い人たちが南円堂の観音さまにおすがりしました。庶民の巡礼者は昔から、南円堂にお参りしたあと、こちらの観音さまから願いを叶えてもらっていたのです。

南円堂は東正面の御堂で、彼方に五重塔と向かい合っている。春日山の原生林をバックに、樹海の緑に溶けこむかのように五重塔は立つ。御堂の前からこの塔を望見するのも、心安まる一幅の絵だ。

御堂の西裏は一段低い台地で、こちらには三重塔が立つ。私は三重塔とも誼《よし》みを交わして御堂をあとにした。

——南円堂から頭塔《ずとう》へ歩いてみよう。

この日は、そう考えていたのだった。

本尊不空羂索観音坐像と神鹿

『観音経』の説くところによれば、観世音菩薩は変幻自在、この娑婆世界に三十三様の応身を現わして、わたしたちを救い導いてくださる。その三十三身の第七身に「即現大自在天《そくげんだいじざいてん》」という応現がある。

『不空羂索神変《じんぺん》真言経』という経典に、不空羂索観音の像容を「大自在天」のごとく造れ、と書いてある。大自在天とはヒンズー教の創造の神であるシバ神にあたるのだが、そこで思い起すのは、シバ神にみる一面三目八臂《ぴ》という像容のことだ。

東大寺三月堂の本尊、国宝の不空羂索観世音菩薩立像を拝された方がいらっしゃるだろう。あの天平仏、脱活乾漆《だっかつかんしつ》の大きな立像を思い浮かべていただきたい。一面でお目が三つ、つまり両眼のほか、眉間の上、額の真ん中にいま一つ、縦に切れたお目がある。お手は左右に四臂《ひ》ずつの八臂で、左の第三手が羂索をもっていられる。そして、この天平仏が現存する最古の不空羂索観音像なのだ。

冬嗣が南円堂に不空羂索観音像を講堂から迎えたということは先に言及した。『興福寺縁起』は講堂の当該像が造立された年時を天平十七年（七四五）正月であったとする。その像は坐像であった。東大寺三月堂の立像造立年時は天平十八年をさかのぼらない。微妙だが、南円堂の坐像は三月堂の立像より先に造立されていたのであろう。それでいて、三月堂の立像を最古の不空羂索観音像とするのは、南円堂の坐像が治承の兵火に焼失したからである。

平重衡《しげひら》率いる軍兵が南都へ下向し、興福寺の衆徒と兵刃《へいじん》を交えたのは、治承四年（一一八〇）十二月二十八日。重衡の下知《げち》で在家に放たれた火が燃えひろがった。紅蓮《ぐれん》の焔は大仏殿を舐《な》めて盧遮那仏《るしゃなぶつ》（大仏）を溶かした。興福寺の伽藍も地をはらって焼失してしまった。

藤原北家は、鎌足《かまたり》―不比等《ふひと》―房前《ふささき》（北家祖）―真楯《またて》―内麿《うちまろ》―冬嗣《ふゆつぐ》―良房《よしふさ》―基経《もとつね》という継承をみせる。良房は人臣初の太政大臣、基経も摂政・関白にのぼった。そして、北家主流を氏長者とする摂関政治はこの治承の世までつづいていた。

興福寺復興事業は官営でおこなわれたが、南円堂の再建は氏長者がうけもっている。興福寺中で南円堂は別格扱いの尊崇をうけていたからであろう。文治五年（一一八九）に南円堂の再建は完工、今日に伝わる二代目の本尊坐像が製作安置されたのである。

興福寺南円堂本尊・不空羂索観世音菩薩

旧南円堂には不空羂索観音坐像の周囲に、法相六祖《ほっそうろくそ》（玄昉《げんぼう》・善珠《ぜんじゅ》・神叡《じんえい》・行賀《ぎょうが》・玄賓《げんぴん》・常騰《じょうとう》）坐像、四天王像が配置されていたという。幸いに焼失をまぬかれた絵図をもとに、この計十一体をそっくり忠実に再興したのが、康慶《こうけい》とその一門の仏師たちである。康慶はよく知られている運慶の父。鎌倉彫刻の清新で雄渾な作風は康慶によって確立された。十一体はすべて国宝に指定されているから由々しい。ちなみに六祖像は今日、興福寺国宝館へ移管、公開されている。

そこで、現南円堂の扉の奥、本尊坐像に言及しておきたい。

三月堂の立像と同じく一面三目八臂。像高三四二センチの木彫大像である。宝相華《ほうそうげ》の透かし彫りの光背《こうはい》を負う佳麗なお姿で、八角須弥壇《しゅみだん》の中央に趺坐《ふざ》していられる。左肩に鹿皮をまとっていられるが、これも経典の造仏法が示すところで、三月堂の立像また同じ。

興福寺は藤原氏の祖先神である天児屋根命《あめのこやねのみこと》を祭祀する春日神社にたいして、神宮寺という立場にもあった。鳥獣のなかで鹿をとくに愛護しようとする思想は観音関係の経典各種に流れている。粉河寺をおこした孔子古《くじこ》も鹿に憐れをもよおしたところから菩提心にめざめたのだった。『日本書紀』によれば、雄略天皇四年、一言主神は葛城山中に天皇とともに狩をしたが、鹿だけは射らなかった。

鎌倉時代のはじめから春日の鹿を「神鹿《しんろく》」とみる信仰が深まっていったが、それは不空羂索観音像がいちはやく再興されたこと、その観音像を安置する御堂のそばに一言主神も祭祀されたこと、二つの事象と無関係ではあるまいと思う。

不空羂索観音像は、康慶が再興して以降、この国のどこにも造立されていない。これまた、藤原氏北家の守護尊であるということが深く再認識されて、南円堂像への畏敬がはたらいたからであろうとみなされる。

玄昉の頭塔へ

南円堂から南へ石段をおりれば猿沢池である。四月二日、猿沢池畔から東の荒池畔へ、さらに東の鷺池畔へと、林間の小径をとった。荒池・鷺池の周辺は桜樹が多い。私は散りまがう花を避けかねて何回も小径に立ち往生をした。

法相六祖のうち、学問僧として入唐した玄昉は、経典・経論五千余巻をたずさえて天平六年

（七三四）に帰朝、翌年、その全巻と諸仏の図像を興福寺にもたらしている。『神変真言経』をはじめ不空羂索観音にかんする儀軌《ぎき》を請来したのは、おそらく玄昉なのだ。藤原北家の人たちに勧めて興福寺講堂の坐像造立を指導したのも玄昉であっただろう。

ところが、玄昉の晩年とその死が不可解。六祖像もまた、玄昉だけは、怨《うら》めしげな、悲しい顔つきをしている。

筑紫の太宰府へ左遷されていた藤原式家の広嗣《ひろつぐ》が、吉備真備《きびのまきび》と玄昉を批判、兵を起こしたのは天平十二年。朝廷が征討軍を派遣する。広嗣は済州島へ逃れようとしたが、強風に船を吹き返され、最後は只一騎となって討たれた。広嗣の亡霊が現われて怪異がつづくなか、天平十七年（七四五）太宰府に観世音寺が起こされることになり、玄昉は造寺別当を命ぜられて太宰府へ送られる。

翌天平十八年六月、玄昉は落成をみた観世音寺で法会の座に着いた。すると、にわかに空がかき曇り、玄昉の体が浮きあがって雲の中へ消えてしまった。後日、玄昉の首だけが興福寺の一隅へ落下したと『元亨釈書《げんこうしゃくしょ》』などにいう。『続日本紀《しょくにほんぎ》』も、「（玄昉）栄寵日《えいちょうひ》に盛《さか》ん。稍《やや》もすれば沙門《しゃもん》の行ないに乖《そむ》き、時の人に悪《にく》まる。これにより、移された所に死す。広嗣が霊のために害《そこな》われた、と世に伝わる」と記す。

鷺池のほとりは、桜樹にまざって辛夷《こぶし》が満開であった。葉の出ていない灰色の小枝の先に白い六弁花をつけていたのはタムシバであったろう。若葉が出て、花びらに紅みのある木もみられた。帰宅後に図鑑にあたったのだが、あれはキタコブシという種であったらしい。

往時の興福寺境内は不気味なほど広かった。頭塔《ずとう》は玄昉の首が落下したと伝わるところ。すなわち、玄昉の首塚とみなされてきたのである。

鷺池の東のほとりに茶店がある。茶店の媼《おうな》がひとりの婦人と立ち話をしていた。かつて頭塔をたずねたのは三十年ほど前である。媼から道順を教えてもらった。

歩きだした私のあとを、さきほどの婦人が随《つ》いて来る。立ち止まると婦人もならう。坂を登りきった辻で戸惑った。真直ぐ行きなさい。婦人が手で示してくれる。婦人が近づいてくれるのを待った。

――もしかしたら、私が迷わないよう随いてきてくださったのですか。

――いえ、そういうわけでは。頭塔の真ん前に住んでいます。帰宅するところです。

――でもこれは、南円堂の観音さまが引き合わせてくださったのかもしれません。

ほんとうに、そんな気がした。

――そうですか。南円堂へお参りでしたか。

婦人は坂みちを振り返り、御堂の方角へ手を合わせた。

頭塔は近年、発掘調査がなされた。それを知ったから立ち寄りたくも思ったわけだ。三十年前の頭塔は蔦葛がうっそうと茂る土塔であった。今は驚いたことに、インドのストゥーパのような仏塔が全容をみせている。一種の供養塔にはちがいないが、説明板は玄昉の墓という伝えをほぼ否定している。私は四角い錐台《すいだい》の東西南北に配置してある、如来三尊像など十五基の石仏を参観した。

頭塔からは飛火野が遠くない。飛火野といえば晩秋の光景、丸葉ナンキンハゼの紅葉が目に浮かぶ。

鹿は樹皮と木の芽を食べるが、ナンキンハゼだけには、かぶれるのを恐れて寄りつかない。飛火野では他の実生《みしょう》の幼木が鹿に食べつくされてしまう。飛火野のあのみごとな紅葉の群落を生み出してくれているのは、春日の神鹿だということになる。

第十番・明星山 三室戸寺〔御室戸寺〕

悲劇の地に建つ宇治上神社

三室戸寺《みむろどじ》は宇治の霊場。宇治では平等院と宇治上《うじがみ》神社が世界遺産に登録されている。この紀行はまず宇治上神社をたずねて霊場へむかいたい。

京阪電鉄の宇治駅に降り立って、宇治川右岸を上流へ。道がほどなく二股に分かれる。川岸から離れる緩やかな坂道のほうをとる。『源氏物語』宇治十帖にみえる歌にちなんで、坂のところどころに「さわらびの道」と彫ったプレートが埋めこんである。

行く手に桐原山（仏徳山）の木立が迫る。低い山だが緑が深い。この山のふところに宇治上神社は鎮座《ちんざ》している。

人皇第十五代の応神天皇に、大山守命《おおやまもりのみこと》・大鷦鷯尊《おおさざきのみこと》・菟道稚郎子皇子《うじのわきいらつこのみこ》、三名の皇子があった。応神は長子の大山守に大和を、次子の大鷦鷯に難波《なにわ》を統治させ、末の稚郎子を宇治の宮殿に住まわせていた。確たる年代を明らかにできないが、ほぼ五世紀前葉のことである。

応神があるとき、稚郎子の兄二人に問う。

——お前たちも息子が可愛いであろう。長子と末子では、可愛さはいずれがまさるか。

——もちろん長子です。

大山守が即座に答えたが、大鷦鷯《おおさざき》は父の気色を察知して言った。

——長子はすでに成人、案ずるところがありません。若い子は先々が思いやられるためか、かえって可愛さがつのります。

応神はこの大鷦鷯の返答をたいへん悦《よろこ》んで、稚郎子《わきいらつこ》を皇太子とする宣旨《せんじ》をくだした。

応神が崩ずると大山守《おおやまもり》は叛意《はんい》をあらわにする。大山守の挙兵を大鷦鷯はひそかに宇治へ急報した。ある未明、軍兵を率いて宇治川畔に至った大山守は渡船を徴集する。大山守が坐した船の櫓《ろ》をとったのは、ぼろ衣を着て漁民に装った稚郎子だった。船は河中で転覆、伏兵《ふくへい》が起こって、大山守は岸へ泳ぎ着けずに溺死する。

そこで稚郎子はどうしたのか——。長兄を死なせたことを哀傷する長い挽歌《ばんか》を詠《よ》み、治権を大鷦鷯に譲ることを宣して、宇治の宮殿に閉じこもってしまった。

——稚郎子よ、皇位に即《つ》くべし。それが父先帝の遺志である。

——いな、大鷦鷯の兄よ。天徳・聖徳はあなたにこそ具わっている。わたしは臣としてあなたを助けよう。

こんなキャッチボールがつづいて、空位は三年におよんだ。皇后を母に生まれて年齢もへだたる次兄が大望を秘めているのを、若き稚郎子は見抜いていたのだと思う。

兄が皇位に即こうとしないので、稚郎子の選んだ手段は自殺であった。――久しく生きて天下を煩わしたくはない――。死に臨んで稚郎子は言った。大鷦鷯は難波の宮から宇治へ駆けつけ、弟の屍《かばね》にまたがって号泣したと『日本書紀』にいう。

大鷦鷯尊が第十六代の仁徳天皇である。

伝承によれば、稚郎子の宮殿が営まれた地に宇治上神社は建っている。本殿が覆屋《おおいや》のなかに納まる三棟の内殿からなる。向かって右の、いちばん古い内殿に稚郎子皇子が祀ってある。中央の内殿の祭神は応神天皇、左の内殿の祭神は仁徳天皇。この内殿三棟は、わが国に現存する最古の神社建築なのである。

三室戸寺は、天智天皇の孫、第四十九代の光仁天皇（在位七七〇―七八一）によって創建されている。稚郎子の事績に光仁帝はたいへん感銘をうけていたらしい。宇治上神社の中興にもこの天皇はかかわっているかもしれない。なにしろ、稚郎子の埋葬墓をも探させたほどなのだ。

じつは、宇治川畔に近い一古墳が稚郎子の墓に比定されて御陵となっている。しかし、光仁帝創建の三室戸寺の縁起では、現在の当寺本堂裏の小岳（観音寺山）が稚郎子の墓と伝わってきている。

二臂の像がなぜ千手観音なのか

宇治上神社から「さわらびの道」を北へとる。道は桐原山のすそを巻いて菟道《とどう》の里へおりてゆく。霊場への標識が目につくだろう。三室戸寺は里の東にそびえる明星山《みょうじょうさん》のふところにある。観音寺山は明星山の尾の一つ。明星山を前方彼方に、その谷筋へ参道がゆるやかに登っている。京阪三室戸駅から霊場へ真っ直ぐむかうなら行程は短い。しかし、宇治上神社を経る歩行距離も全長二キロ足らず。楽に歩ける。

三室戸寺は五千坪の大庭園をもち、季節の花々に彩られるのだが、なかでも六月の紫陽花《あじさい》が圧巻である。先年、紫陽花の株数をたずねたところ、約三十種類、一万株を超えるということであった。

大庭園の花々を脇見しながらゆくアプローチが、短いけれども急な石段につきあたる。石段をのぼりきれば真正面に、重層・入母屋造り、桟瓦葺《さんかわらぶき》の本堂が現われる。

霊場の本尊は秘仏が多いのをすでに承知してもらっているだろう。各霊場が秘仏を納める仏龕《ぶつがん》の前に、秘仏を模刻したお前立ちを安置する。

三室戸寺の本尊はいずれの史料・案内が記すところも千手観世音菩薩なのである。ところが、現実に拝するお前立ちは二臂の像。聖観音といってよい像容のお前立ちだから、疑念をいだかずにいられない。私は疑問をきっかけにこの霊場の故事来歴について考えたのだった。

光仁天皇は、人臣として長年のあいだ高くない官位に甘んじていられた。六十二歳という高齢

三室戸寺

での登極であった。南円堂で内乱の一端にふれたのだが、この天皇は奈良時代につづいた内乱を収束していられる。その功績を大きいと思う。

天皇は千手観音に帰依していた。夜の夢に顕《あら》われた千手観音のお告げで、天皇は信頼する神祇官に命じ、稚郎子の墳墓を明星山の周辺に探させた。神祇官は現三室戸寺のあたりにそれらしい墳墓を発見したらしい。私は縁起の文飾を取り除いたところに、そういう心証をうける。

稚郎子はもちろん神として早くから崇められていた。神を安置しておくところを御室《みむろ》という。三室戸寺の三室は「御室」の転。神の降下するところを御諸《みもろ》というから、その転とする説もあるが、御室の転とみるほうが妥当であろう。

光仁天皇は、稚郎子の墓と信じる地に観音堂を起こし、私室に

安置している小さな像をそこに移安しようと思い立った。勅命で観音堂は建立され、造高一尺二寸と伝わる小像、金銅二臂の「観音像」が移安された。淵源へさかのぼれば、この観音堂が「御室」とよばれたのだと私は考える。

光仁天皇の長子が平安京をひらいた桓武天皇である。父光仁の意思を重んじ、桓武帝は御室の保存をこころがけた。白檀材の造高二丈（約六メートル）という大きな千手観音像が桓武の命で新たに本尊として造立され、金銅二臂の観音像はその胎内に納められた。

時は移る。三室戸寺はたびたびの戦乱にもまきこまれ盛衰をくりかえす。本尊二丈の千手観音像は、室町時代、寛正《かんしょう》年間（一四六〇―六六）の火災で灰燼《かいじん》に帰した。しかし、胎内仏、金銅二臂の小像はさいわいに焼け残った。本堂須弥壇上の仏龕《ぶつがん》にはその金銅像が秘仏として今日なお奉安されていて、お前立ちはその像容を写していると伝わるのである。

お前立ちを拝してなぜに千手かと疑うなかれ。ここは、仏龕内に秘せられている小像をとおして、失われた本尊にお参りする霊場だとみるのがふさわしい。

三室戸寺は本尊を再興し、金銅の秘仏をその胎内にもどすことを悲願としてきたのであろう。その悲願がいまなお継承されている証しに、本尊として千手観世音菩薩の名号が標榜《ひょうぼう》されつづけているのであろう。

本堂の背後、観音寺山の樹林がうっそうと深い。神韻を感じる。

阿弥陀堂があり、優雅な三重塔がある。小さな社なのだが鎮守社もあって、蟇股《かえるまた》など牡丹唐草《ぼたんからくさ》の彫りがみごと。流れ造り・柿葺《こけらぶき》の古い三間社であるから、宇治上神社を連想する。収蔵庫にはそれぞれ重文の、釈迦如来立像・阿弥陀三尊坐像・毘沙門天立像などを拝することができる。

お前立ちへもどろう。『観音経』の一節をも思い起こすからか、像容が私には若き小王とみえてくる。

観世音菩薩《かんぜおんぼさつ》云何遊此娑婆世界《うんがゆししゃばせかい》、云何而為衆生説法《うんがにいしゅじょうせっぽう》。方便之力其事云何《ほんべんしりきごじうんが》。

応以小王身得度者《おういしょうおうしんとくどしゃ》、観世音菩薩即現小王身《かんぜおんぼさつそくげんしょうおうしん》、而為説法《にいせっぽう》。

「観音さまはどのようにこの娑婆世界に遊び、どのように衆生のために法をお説きになるのであろうか。観音さまが衆生を救おうとして用いられる方法とは——。まさに小王の身をもって悟りをひらくべき者があれば、観音さまも小王の身で出現され、その者のために法を説かれるのである」。

「小王」とは人間世界の国々における統治者のことである。小王の身の稚郎子は観音さまの慈悲にふれ、みずからも観音となって死に臨んだといえるではないか。

稚郎子の処世に感銘をうけた光仁天皇は、稚郎子の小尊像をつくらせて念持していたのではないだろうか——。史料が金銅二臂の「観音像」と伝えるのは、じつは、その稚郎子像ではないだろうか——。桓武天皇は千手観音に父光仁が帰依しているのを知っていたから、二丈の千手観音像を光仁天皇とも見立てて造立し、稚郎子像がこの世に永く護持されるよう、つまりは父親の胎内にその小像を納めたのではないだろうか――。

史料にみる創建当初の御室は観音寺とよばれている。その寺院は宇治上神社の神宮寺という性格をつよめた期間があったにちがいない。二丈の千手観音像を本尊としていただく観音堂に応神像・仁徳像も奉安されたことがあり、「御室」は三つの御室という意味が付加されて、三室戸寺の名が定着したのではないだろうか――。

この霊場を去るとき、私はいまいちど本堂へむかう。そして、お前立ちを改めて拝しながら、右のような自問自答をしてきている。

日野の里から上醍醐へ

昔、宇治橋をわたった奈良街道が、菟道《とどう》の里をとおって山科《やましな》の日野《ひの》へ出、さらに下醍醐《しもだいご》をへて琵琶湖岸の旧大津京へ至っていた。

次にめざすのは上醍醐《かみだいご》の准胝堂《じゅんていどう》。笠取山《かさとりやま》の山上に位置する霊場である。

山上伽藍（上醍醐）と山麓の伽藍（下醍醐）に境域が分かれる醍醐寺なのだが、この寺院もまた世界遺産に登録されている。

下醍醐では、三宝院の表書院と唐門《からもん》、金堂・五重塔が国宝。本坊の三宝院は庭園も特別名勝である。躍動感にあふれ、しかも精緻な配置をみせる庭園の石組みを記憶される読者がいらっしゃるだろう。

三宝院の築地沿いを歩いて仁王門をくぐり、右折左折、金堂を拝する。五重塔を仰ぎながらゆく山内道が女人堂をへて山路となる。山上伽藍をめざすこの山路には町石卒塔婆《ちょうせきそとば》が立ち、春秋の休日など善男善女の列がひきも切らない。しかし、施福寺へのアプローチがきつかったように、年配者には相当に骨の折れる長い登り坂なのだ。

ところで、三室戸寺をあとにした往日の巡礼者は、日野の里で奈良街道と別れ、供水峠をへて水昌谷の沢をつめる、いま一つの山路を好んで取っていたらしい。ここにはその巡礼みちを書き添えておこう。

日野は南円堂で言及した藤原北家の揺籃の地である。そして親鸞の生誕地としても知られている。一昔前まで寒村にすぎなかったこの里には法界寺《ほうかいじ》という古刹もある。五間四面の国宝阿弥陀堂が屋頂に宝珠をいただく檜皮葺《ひわだぶき》の屋根の反《そ》りをみせて美しい。本尊の弥陀は定朝《じょうちょう》様式の丈六坐像でこれまた国宝。うるわしいお顔をしていられる。

法界寺の北裏、里の四つ辻に「方丈石」への方向を示す標識が立つ。鴨長明はこの里はずれ、東の山ふところに草庵を営んで『方丈記』を著わした。草庵あとには「長明方丈石」と刻んだ石碑が立つ。巡礼みちは「方丈石」へのみちから分かれて尾根筋へとりかかる。

上醍醐への行程は長い。私は同じ道の往復をなるべく避けたい思いがはたらくので、この巡礼みちをとり、山上の諸堂を拝跪《はいき》して下醍醐へくだるのを好んできた。もし往きにしろ帰りにしろ、私にならってみようとなさる読者は、国土地理院発行の地形図など正確な地図をたずさえられるように。日野からの巡礼みちは標識が乏しいから。

供水峠が迫るにつれ、巡礼者の痕跡が濃い。石仏を集めたところがある。巡礼者の姿を写した石仏が七つ八つ。行き倒れた人を弔ったのであろうか。なかに手甲脚絆《てっこうきゃはん》の愛らしい童女の顔まで混ざる。

峠道は水昌谷へくだる。木洩れ日にきらめきながら清らかな水が沢を流れる。この谷に昌でなく晶の字をあてている文献がある。昌は「盛んなること」を、晶は「きらめき」を意味する。醍醐の山の地下水を集めているから、旱魃《かんばつ》がこようと谷の水は枯れないのかもしれない。水昌谷はそのうるおいを表わし、一方、水晶谷は沢の岩層にきらめく水の美しさを擬しているのであろう。沢をつめると道は杉木立を縫う暗い登りになる。やがて視界がひらけ、立ちはだかる緑の懸崖の頂きに、上醍醐諸堂の棟が見えてくる。

そして、最後の急坂を登りつめた目の前に「醍醐水」が現われるのだ。

この泉水で身を清め喉の乾きをいやすとき、観音さまが頰笑んで見守ってくださっている気がしてくる。私はそんな心境から山上諸堂をめぐる一歩を踏み出してきた。

第十一番・深雪山 上醍醐寺

醍醐水の由来

笠取《かさとり》山上に醍醐寺をひらいたのは、理源大師の諡号《しごう》をおくられている聖宝《しょうぼう》である。空海の孫弟子にあたるこの人を、光仁天皇の末裔とする伝えがある。

聖宝は洛南の一密教寺院に寄住していたある日、五色の雲が東の山の峰にかかるのを見た。その山が笠取山であった。山林修行にあこがれ、役行者《えんのぎょうじゃ》の事跡を慕って平生から霊地とされる山々を跋渉《ばっしょう》していた聖宝なので、仏の啓示を感じ、さっそく山へ登ったらしい。

谷をつめて山頂域へとりかかったところで、ひとりの老翁に出会ったという。

——俗塵《ぞくじん》をのがれて山奥に暮らし、先人たちの修行のみちを追体験したいのです。

聖宝のことばに老翁はうなずく。

山中を案内してくれた老翁が落葉をかき分けると、そこに伏流水《ふくりゅうすい》が滾々《こんこん》と湧き出していた。

——ああ、醍醐味なるかな。

水を一口飲んで老翁は嘆じ、さらに言う。

——わたしはこの山の主《ぬし》のようなものだが、貴僧に山を進呈しよう。ここを修法の霊場にしなさい。

「醍醐」は仏教にいう五段階の味の一つ、最上の味を意味する。その醍醐水の湧くところを聖宝に教えた老翁は、やがて忽然と姿を消してしまった。

泉の上のほうに見事に太い柏《かしわ》の一樹があった。聖宝は准胝仏母《じゅんていぶつも》・如意輪観音、二体の尊像をその柏の木で彫った。二尊を安置する仏堂をも建てた。縁起はその年を、聖宝四十三歳、貞観《じょうがん》十六年（八七四）であったという。

開山聖宝の念誦

上醍醐の伽藍は、現在も湧きつづけている「醍醐水」を起点として、山頂の高みへむかって下から順に、清滝宮拝殿・本殿、准胝堂、薬師堂、五大堂、如意輪堂、開山堂がみられる。第十一番の霊場となってきたのは准胝堂であり、本尊には准胝観世音菩薩坐像をいただいている。

当初は准胝仏母であったが、現在は准胝観音という。概念上に違いがあるのだろうか。私見を述べてみたい。

准胝は梵名チュンデーの音訳で、准提・准泥とも当て字される。『七倶胝《しちくてい》仏母准提陀羅尼経』という密教経典を円珍《えんちん》が天安二年（八五八）に唐から請来《しょうらい》していた。さらに同経典の儀軌《ぎき》類を請来したのが貞観七年（八六五）に帰国した真言僧の宗叡《しゅうえい》である。密教では仏菩薩を念誦《ねんじゅ》する方法を記した書物を儀軌という。空海以降の入唐《にっとう》僧のなかで密教研究にとくにすぐれていたから「後入唐僧正」とよばれている宗叡だが、聖宝はいわば兄弟子にあたる宗叡から准胝仏母を念誦する方法を学んでいたのであろう。

経典と儀軌から私に察せられるところを要約すれば、「准」は菩薩となる修行をする人、「胝・提」はそれらの人をすべて仏とすることを意味する。准胝仏母とはしたがって、諸仏・諸菩薩を生みだす母なる存在なのだ。一方、「七倶胝」は七千万という数を意味するから、「七倶胝仏母准提陀羅尼」とは、七千万の諸仏の母からその功徳を分けていただく呪文ということになる。

上醍醐寺本尊・准胝観世音菩薩

聖宝はまず山中に浅い凹《くぼ》みを掘ってその上に小屋を建て、四面に幡《はた》をも立てて結界とし、仏母の像を小屋に安置しただろう。儀軌に描かれる図形をもとに、仏工の力をかりて像はあらかじめ彫りあげてあったのだろう。小屋の凹みを香湯で浸し、己れの体に泥を塗る。そして、像にむかい凹みのなかで五体投地、准胝真言（呪文）を称《とな》えつづけたにちがいない。

聖宝は儀軌の教えるこの念誦《ねんじゅ》を果遂《かすい》し、加持祈祷にすぐれた効験をあらわせる僧となったのであろう。行を果遂したその場所が現在の准胝堂の位置に重なるのではないだろうか。果遂したあとに小屋を払い、そこに観音堂を建て、如意輪観音像と准胝仏母像とを共に奉安したのではないだろうか。

これが醍醐寺の起源の姿であったということになる。

上醍醐は聖宝のみせる効験を慕って修行者の集まる山となっていった。

聖宝の盛名がついに時の天皇にきこえた。天皇は醍醐の山のふもとで幼少期をおくったので、その地名を諡《おくりな》された醍醐天皇である。この天皇の御願で上醍醐には薬師堂が建ち五大堂も建った。

聖宝は延喜九年（九〇九）七十八歳で示寂したが、天皇の諸堂を護持する志は変わらなかった。天皇は准胝仏母に皇子生誕を祈願した。朱雀・村上両帝の誕生をみたのは准胝仏母の霊験のたまものと考えられた。こうして醍醐寺は山のふもとにも伽藍を擁する大寺に発展していった。

観音さまとなった准胝仏母

ところで、准胝仏母像が准胝観音とよばれることになったのは、聖宝なきあと百年ばかり経過してからであったらしい。

密教ではもともと曼荼羅のなかに六体の観音が伝わっていた。盛んに造像されてきたのは聖観音・如意輪観音・千手観音・十一面観音・馬頭観音である。だから、その五観音を曼荼羅中の五体になぞらえたものの、残る一体を定めかねていたらしい。天台密教（台密）がようやく不空羂索観音を残る一体として配当した。真言密教（東密）はそこで、折から請来された『大乗荘厳宝王経』が准胝仏母を観音とみなしているのを見出したこともあり、台密への対抗意識から残る一体に准胝観音を配当する経過をたどったかと考えられる。

空海を開祖にいただく真言宗は、歴史的にみて、広沢流・小野流が二大流派を形成している。師から弟子への教理および修法の伝達に、広沢流は儀軌を重んじ、小野流は口授を重んじた。小野流を確立したのは下醍醐から近い小野に正暦《しょうりゃく》二年（九九一）曼荼羅寺（現在の随心院）をひらいた仁海《にんがい》である。醍醐寺は仁海なきあと小野流の根本道場となって今日に至っている。仁海は藤原道長が建てた法成寺《ほうじょうじ》薬師堂に治安《じあん》三年（一〇二三）六体の観音像を造立、前記の五観音に准胝観音をはじめて加えた。これを私は見逃せないと思う。

南円堂のところで述べたことだが、不空羂索観音はその像容を「大自在天」のごとく造らねばならない。しかも大自在天はヒンズー教の創造の神であるシバ神にあたっている。シバ神同様、眉間の真上に縦に切れた第三の目をもつ、この観音の一面三目というお顔を思い起こしていただけるだろう。

准胝は先にふれたように梵名チュンデーの音訳である。シバ神の妃がチュンデーとよばれる。仏教は創造神の妃をも取り入れたのだ。仏母准胝の面容を『七倶胝仏母准提陀羅尼経』はやはり一面三目としている。聖宝が造立した原像は焼失してない。しかし、醍醐寺准胝堂が現にいただく本尊は原像を忠実に写している。現本尊が眉間の上、額の真ん中に第三の目をもっている。法成寺六観音の一体、准胝観音もやはり、生き写しの像容であったにちがいない。

『観音経』にいう。

設欲求男《せっちょくぐなん》、礼拝供養観世音菩薩《らいはいくようかんぜおんぼさつ》、便生福徳智慧之男《べんしょうふくとくちえしなん》。
設欲求女《せっちょくぐにょ》、便生端正有相之女《べんしょうたんじょううそうしにょ》、宿植徳本衆人愛敬《しゅくじきとくほんしゅにんあいぎょう》。

「もし男の子を欲しいと望み、観音さまを礼拝し供養するなら、望みどおり、福徳にも知恵にもめぐまれた男児を授かるであろう。

望むところが女の子なら、そのとおり、見目うるわしい女の子、前世からの徳をそなえて人びとに敬愛される女児を授かるであろう」。

『観音経』はこうもいう。

観世音菩薩即現婦女身《かんぜおんぼさつそくげんぶにょしん》、而為説法《にいせっぽう》。

「観音さまは婦女の身で出現され、法を説かれることもある」。

朱雀・村上両帝の生誕をみて以来、先師聖宝が造立された仏母像はすでに観音さまとなって功徳を遍満していられる。不空羂索が観音なら准胝仏母も観音である。これからは上醍醐の尊像を観音とあがめて、子を欲する世の人びとのためにも加持祈祷をひろめてゆこう。仁海は修行僧たちを鼓舞したのではなかったろうか。

清滝権現から薬師堂へ

上醍醐の諸堂をまず清滝権現《せいりゅうごんげん》からめぐることにしよう。

延暦二十三年（八〇四）入唐した空海は、唐都の長安で青竜寺の恵果《けいか》から真言密教の秘法をうけたが、青竜寺の守護神が竜王であった。その竜王の娘が空海帰朝のみぎり、乗船して空海を護り日本へ渡ってきたと伝説にいう。

上醍醐では開創以来、横尾明神という地霊が祭祀されていた。聖宝は笠取山頂から横にのびる稜線でかの老翁に出会ったのであろう。横尾明神とは老翁に冠せられた命名であったと思う。この地霊はところが、山火事を消しとめる効験をみせてくださらなかった。

仏教上に神格化される竜はつねに水とかかわりが深い。竜王の娘なら消火の水を吹きあげて

上醍醐寺、清滝宮本殿と拝殿

くださるだろう。空海を守護したからには聖宝の事跡と醍醐水をも守ってくださるだろう。そこで、海を渡ってきた神格であるから青竜にさんずいを付すことになり、寛治三年（一〇八九）新たに、清滝権現が地主神として祭祀されたのである。

清滝宮拝殿は国宝で、正面三間奥行七間の懸《か》け造り。奥ゆかしいこの神殿を瞼におさめ、霊場札所への石段をのぼる。

准胝堂は惜しいことに昭和の再建、古色に乏しいのだが、それでも落ち着いたたたずまいをみせてくれている。聖宝がここで修法をしたかと往日を思うと、感懐がこみあげてくる。

一面三目の本尊坐像のお体は白っぽい肌色。経典の画像法にも、准胝仏母の像は黄白色、腰に白衣・身に薄い天衣を着するなどと説かれている。像容の白さからエキゾチックな感をうける。本手が説法・施無畏の二臂ずつで四臂、小手が左右ともに七臂、合計十八のお手がある。求児・安産・子育を念じてこの観音さまを拝跪する多くの人たちを私は過去にみてきた。

珍しい観音さまである。西国霊場では不空羂索観音を南円堂でしか拝せないように、准胝観音もまたここでしか拝せない。

霊場へお参りしたのみで引き返す人があるのを惜しいと思う。国宝の薬師堂をぜひ見てもらいたい。薬師堂への坂をのぼろう。

大小の乱石が高く積まれた基壇の上に、扉を閉ざして鎮まる、五間四間・入母屋造り・檜皮《ひわだ》葺《ぶき》の仏堂。こんな山上も火災を出しているから創建時の遺構ではないが、この薬師堂は保安《ほうあん》二年（一一二一）に再建された、いまでは上醍醐最古の建物である。

堂内天井を支える蟇股《かえるまた》が、宇治上神社本殿・中尊寺金色堂のそれとともに、刳《く》り抜き様式の全国に三ヵ所しかない実例といわれ、古拙で美しい。外観では軒庇《のきびさし》を支える斗栱《ときょう》の古拙さも目にとまる。私はこの仏堂の前に立つたび、周囲に充ちる峻厳な風韻を感じ、五体がひきしまるのを覚えてきた。

ここまで来れば山頂へいま一息。五大堂を拝して、如意輪堂・開山堂が建つ山頂までのぼりつめる。

山頂から見晴るかす眺望が雄大。青垣のたたなづく彼方に笠置山が覗《のぞ》く。眼下に宇治川が銀白の蛇行を見せる。大気の澄んでいた往日、宇治川から淀川へと川筋を目で追えば、遥かに大阪の町の集積を認めることまでできた。

昨今、警備が手薄な山上では文化財が思い遣られるのであろう。薬師堂の国宝三尊、如意輪堂の本尊、開山堂の聖宝像、いずれもが下醍醐へ引っ越されてしまったのは、少し残念。聖宝坐像は陽気な山男といったお顔をしていられる。小学生だったころ、開山堂のひんやりした板敷に坐って御像とはじめて対面した私は、まるでボーイスカウトの隊長さんのようだと思ったのだった。ところで、醍醐の山で観桜の宴を催した太閤秀吉に、「あらためて名をかへて見む深雪山うづもる花もあらはれにけり」という一首がある。桜花爛漫を喩えた「深雪山《みゆきやま》」が、この歌が詠まれて以来、第十一番札所としての上醍醐寺の山号となっている。

お勧めしたい正法寺への巡礼みち

平成十四年四月末のこと。若い友人ふたりに助けてもらいながら、私は開山堂から次の霊場の正法寺《しょうほうじ》へ歩いた。この自然歩道を取るのは約四十年ぶり、記憶がほとんど薄れていたから、新鮮なツアーであった。

上醍醐の笠取山頂と正法寺が鎮座する岩間山頂とのあいだは、直線距離でほぼ四キロにすぎない。行程はしかし、山里へおりてふたたび登る、尾根またぎを二つする。大いに迂曲をもするから、直線距離の三倍ほどを歩いたかという印象である。

昔の巡礼みちの痕跡をとどめている。尾根の登りくだりには、そのように感じるところがあった。

——年間に何人くらい、昔はお遍路さんがこの道を踏んだでしょうか。

——雪にとざされた時もあっただろうしね。年間を三百日とみて、一日平均を百人だったとすると、年間で三万人。

——千年間で幾らになります。三千万人ですか。

——実数はもっと多いのでは、という気もするね。

他愛ない会話を交わしながら辿った谷の細みち。山吹の黄の花が沢にあがる水しぶきに濡れていた。

山ふところにひらけた棚田に紫雲英《げんげ》のじゅうたんが花ざかりであった。畦《あぜ》に野薊《のあざみ》も咲いていた。

鮮やかに萌えたつ新樹の林間をみちは縫い、小憩をとった木陰では体の芯まで若緑に染まってしまうかと思ったほどである。

岩間山は京都と滋賀の県境にあたる。正法寺へは現在、琵琶湖のがわからバスものぼる鋪装路が通じている。

春の上醍醐からのツアーでは、地元の人以外には出会わなかった。だから、忘れられた巡礼みちだが、日本の山間の原風景にふれた思いが消えないこの巡礼みちを、健脚の人びとにお勧めしておきたい。

第十二番・岩間山 正法寺［岩間寺］
第十三番・石光山 石山寺

●

泰澄の祈祷

正法寺《しょうぼうじ》は「岩間寺《いわまでら》」の通称で知られている。

私は小学三年だったと思う。——岩間寺は芭蕉が有名な句を詠んだところだよ——。訓導《くんどう》のことばと「古池や」の句をつよく頭に刻んで遠足をしたことがあった。

京都から大津へ京津電車で出て、浜大津から定期船に乗った。琵琶南湖から瀬田川へ入った船は、瀬田の唐橋《からはし》をくぐり、石山寺を右にみながら流れをくだった。南郷洗堰《なんごうあらいぜき》から流れは宇治川と名を変える。その南郷で下船、三キロほどの山路を登ったのだった。

この霊場をひらいた泰澄《たいちょう》について『元亨釈書《げんこうしゃくしょ》』が記すところなどを拾ってみよう。

泰澄は白山修験道《はくさんしゅげんどう》の祖として知られるのだが、越前麻生津《あそうづ》（現福井市）の生まれ。子供同士の遊びには加わらず、ひねもす泥土をこねて仏像をつくる童児であった。出家をして十一面観音の利生《りしょう》をひろめよ。十四歳のとき、仏からそう促される夢をみた。ただちに父母のもとを去り、越《お》知峰《ちみね》の洞窟にこもった。藤の皮を編んだ衣をまとい松葉を食べ、ただ独りの修行を洞窟でつづけたという。

大宝二年（七〇二）二十一歳のとき、能登から一僧が洞窟へ現われる。仏からあなたを護るよう啓示をうけ、捜したずねて来た、と僧は言う。密教的知識をもっていたらしいこの僧を、私は能登へ漂着した異国人ではなかったかと思う。そのうち浄定という名の弟子もできた。渡来僧は心行にすぐれ、浄定は身行にすぐれ、共に行者《ぎょうじゃ》として泰澄を支えた。越知の洞窟で三名は、万年雪をいただく白山を望見しつつ苦難の行に励んだらしい。

——あの白い峰には必ず神霊がおられる。登って神霊にお目にかかろう。

ついに泰澄は言い、二名を連れて白山に登った。妙理権現《みょうりごんげん》（十一面観音）を山頂に祀ったのが養老二年（七一八）。ここに役小角《えんのおづぬ》より少し遅れて、発生を異にする新たな修験道が歩みだしたとみることができる。

北陸の白山にはかりしれない霊験をしめす修行者がいる。やがて朝堂《ちょうどう》にまで泰澄の名がとどろいた。病悩の元正《げんしょう》女帝に医薬の効なく、泰澄が召されて白山から奈良の都へ赴くことになったのは、養老六年、四十一歳の秋であった。

その奈良への往路であったのか。岩間寺の縁起は、泰澄がこのあたりを通りかかり、千手陀羅尼を称《とな》える声を感じたとする。山へ分け入ると大きな桂《かつら》の木がそびえていた。陀羅尼はその桂が称えていたという。

私は粉河寺のところで、千手千眼陀羅尼の一節を引いたのだった。あのような呪願《しゅがん》が桂の樹芯から聞こえると泰澄は感じたのであろうか。

月日が経過した。

泰澄の祈祷で元正女帝の病悩は快癒し、御礼として女帝から四寸八分（約一五センチ）の小金銅仏の下賜《かし》があった。見ればそれが千手観音像であったから、泰澄は桂の奇瑞《きずい》を語ったのかもしれない。

――その桂の木の山に仏堂をお建てになっては。差しあげた観音像をそこにお安置なされませ。

女帝から綸言《りんげん》と浄財の喜捨があり、この霊場はおこったのだと伝わっている。

桂の霊木と芭蕉の句「古池や……」

足の便がよくなってJR石山駅からタクシーを走らせてしまう私だが、標高四四〇メートルの岩間山頂ちかくに、本堂と小伽藍がある。

本尊は元正女帝下賜の小金銅仏で秘仏。等身にちかいお前立ちの千手観世音菩薩立像を拝し、本尊を偲ばせてもらう。

本堂の前に双幹の桂が伸び立っている。泰澄が千手陀羅尼を感じた霊木が、もともとこの位置にそびえていた。昭和三十六年（一九六一）の第二室戸台風で二代目の桂が倒朽したのだが、そのひこばえから現在の双幹桂は生長したという。

緑陰に小さな池があって、「古池や蛙とびこむ水の音」と碑が立つ。芭蕉はこの句を当山に参籠したときにえた。『観音霊験記』の一本、私には詳らかにできない一本でそのように伝わるという。

「古池や」の句は、荷兮《かけい》が貞享《じょうきょう》三年（一六八六）に編んだ『波《は》留濃日《るのひ》』にみえるのが初出である。芭蕉は貞享元年の「野ざらし紀行」に「大和より山城を経て、近江路に入りて美濃にいたる」と記している。すれば宇治・三室戸《みむろど》・日野・上醍醐・岩間寺・石山寺とたどったことが想定され、途次にほぼ原句をえていたと考えられなくはない。芭蕉の幻住庵《げんじゅうあん》滞在が元禄三年（一六九〇）四月六日から七月二十三日にかけてであった。この霊場から北へ谷筋をくだれば幻住庵である。むしろ、その滞在時に一夜の参籠をし、旧句の風趣を再体験したかと思える。そこで、色紙にでも

岩間寺「古池や……」の池

この旧句の筆を染めたのではないだろうか。

桂の木がたくさん自生する山なのだ。近年、その群生域が特定され、遊歩道がつくられた。株の外周が一〇メートルを超える大樹が天を衝くさまに目をうばわれる。

山内は広いのだろうが結界はなく、本堂をなかに小さな諸堂が相寄って、ひなびたこの霊場にしめやかな雰囲気がただよう。霊木の孫、双幹の桂のそばに、大きな公孫樹《いちょう》がそびえる。桂・公孫樹の緑陰に憩う初夏がさわやか。地に散り敷く黄葉を踏みまよった晩秋の風情をも忘れられない。

良弁に砂金をもたらした比良明神

石山寺の開山は良弁《ろうべん》。出生に諸説がある良弁だが、私は大津古京に暮らした百済《くだら》人を両親に生まれた人であったとみる。

龍蓋寺《りゅうがいじ》の開山が義淵《ぎいん》であった。その岡寺のところで、「義淵が如意輪観音を信仰し、師のその信仰を継承したのが良弁であっただろう」と私は書いた。

義淵の父も百済から帰化した人であったから、その縁故で、良弁は五歳のころから義淵に養われたらしい。長じて師とともに興福寺に入り、やがて師なきあと、聖武天皇の信任をえて東大寺の大仏造立を管掌するまでになったのである。

石山寺の珪灰岩群

聖武天皇は早くから毘盧舎那仏《びるしゃなぶつ》（大仏）造立を発願していた。天平十五年（七四三）十月、天下万民にむかって大仏造営に助成するよう詔勅《しょうちょく》が発せられた。鋳造は天平十九年（七四七）九月にはじまっている。

その天平十九年のある一日、瀬田川畔の岩に坐して流れへ釣糸をたれる老翁のそばへ、黒衣の僧が歩み寄った。四十七歳の良弁である。

金銅大仏が造立をみても貼箔《ちょうはく》する金がない。金は輸入にたよるのみで、この国に未だ産出をみていなかった。金鉱発見が焦《しょう》眉《び》の急。聖武帝の命をうけて良弁は吉野の金峰山《きんぷせん》に祈ったところ、蔵王《ざおう》権現のお告げがあった。――ここは金を埋蔵する山だが、その金は弥勒下生《みろくげしょう》の未来に用いたい。汝のふるさとに近い湖南の瀬田に霊応の地がある。そこへ行って祈ってみよ――。老翁にこういう経過を良弁は語った。

老翁が背後の岡を指さした。深い木立のなかに白い岩がちらほら見える。あそこが霊応の地だと言う。

ちなみに、金峰山は役小角が葛城山から移ってひらいた修験霊場。蔵王権現は小角が諸願成就を念じて感得したという霊体である。さらにつけ加えれば、良弁が出会った老翁を『石山寺縁起』は比良《ひら》明神《みょうじん》であったという。

岡の白い岩は珪灰岩《けいかいがん》であった。大きな石塊が累々《るいるい》と盛りあがって岩場をなしている。石塊がそれぞれ瑞光を発しているように思えた。

良弁は僧衣の胸から小金銅の如意輪観音像をとりだす。師義淵の形見で、肌身はなさず念持していたのであろう。岩の一つの上に小像を安置し、如意輪陀羅尼を誦《とな》えた。やがて小さな仏堂を岩場のそばに建て、小像を移安、さらに呪願をつづける。すると、請願成就というべきか、翌々天平二十一年二月、陸奥《むつ》国から砂金を採取したという朗報がもたらされた。

黄金を聖武帝に献上したのは、陸奥守であった百済王孝忠《くだらのこにきしけいちゅう》であったと伝わる。百済王という姓は日本に亡命した百済王族の子孫であることを示し、王を朝鮮流にコニキシとよんでいた。良弁が困難な立場におかれている。その呪願を成就させよう。砂金発掘のかげに多くの百済系の人たちの傾注があったにちがいない。それをこそ観音さまの利生《りしょう》とみてよいのではあるまいか。

折から大仏鋳造は最終工程に入っていた。黄金は大仏に貼箔する充分な量があった。七月二日、黄金の産出を記念、天平の年号は天平勝宝に改元され、良弁は面目を全うした。

大仏の開眼供養がおこなわれたのは天平勝宝四年（七五二）四月九日。石山寺はこのころから寺観を大きくした。天平宝字五年（七六一）には新たに大本堂が建ち、塑造《そぞう》で二臂《にひ》の如意輪観世音菩薩坐像を本尊にいただいて、くだんの小金銅像を胎内に納めたと伝わっている。

王朝の女性たちへの香癒療法

瀬田川に面した東大門をくぐれば静韻がただよう。両がわに子院が配された参道をゆく。木立が深くなる。右へ石段をのぼる。

造化の妙。峨々《がが》として連なる珪灰岩層が眼の前に現われるのだ。

石英分のつよい結晶岩であるからだろうか。光沢がある。私は天地創世の現場の一つに立ち会うような思いに衝《つ》かれ、この岩場を前に立ち尽くしてきた。良弁の呪願の声を吸収して観音さまに伝えたのはわれわれだ。岩の一つ一つがそう雄弁に語っているようにさえ思える。

岩場のそばに御影堂《みえいどう》がある。良弁・空海の像にぬかずく。左手の高みへ、本堂にむかう段をのぼる。

本堂は国宝で、あの長谷寺に似る構造様式である。桁行七間・梁間四間の正堂、同九間四間の礼堂からなり、両堂を一間幅の相の間がつなぐ。礼堂は懸け造り、崖の上に張り出している。

正堂内陣の中央部が三間二間の厨子《ずし》である。密閉された扉のなかに秘仏の本尊がおられる。厨子内は珪灰岩層のつづきが現われて、岩が台座になっているそうだ。岡寺のあの二臂の塑像に似る大きな本尊が、珪灰岩に半跏趺坐《はんかふざ》なさっているらしい。

石山寺本尊・如意輪観世音菩薩

お前立ちは台座とともに全高一〇二センチの木造である。台座は蓮台ではなく、岩座につくられている。二臂の像がその岩座に左足をさげた半跏形で坐していられる。

私はお前立ちを拝しつつ厨子内の本尊を偲ばせてもらってきた。

長谷寺がそうであったように、石山寺も王朝の女性たちの帰依をえている。心の悩みが大きく観音さまの慈悲にすがる女人に、ここは香《こう》癒《ゆ》療法をまでおこなっていた。縁起絵からそれが分かる。

道綱の母（蜻蛉《かげろう》日記の作者）は天禄元年（九七〇）七月に参籠《さんろう》。縁起絵では、寺僧が瓶子《へいじ》の香水をまどろむこの母の膝《ひざ》にふりかけている。菅原孝標《たかすえ》の娘（更級《さらしな》日記の作者）も参籠した。この娘も「内陣より麝香《じゃこう》をたまはりて、とくかしこへつけよ」と、夢現《うつ》つに声を聞く。娘が臥すのは本堂・礼堂の相の間らしい。縁起絵は、帷《とばり》をたぐって黒染の衣の手が伸び、臥している娘に麝香の一袋を手わたすところを描いている。

相の間の一隅がいつごろからか「源氏の間」と名づけられてきた。

長い文章を書こうとするとき、作者はその書き出しに思い煩《わずら》う。紫式部は、上東門院彰子から叔母の選子内親王を慰める物語をつくってほしいと下命され、呻吟《しんぎん》のすえに七日間の参籠をしたのだと思う。その一夜、琵琶南湖に映る月をみていて心の澄むのをおぼえ、不意に着想をえた。「大般若経の料紙の内陣にありけるを請いうけて」料紙の裏に着想部分を書いた。室町初期に成立した『河海抄《かかいしょう》』が、「須磨」「明石」の巻をまずこの石山寺で書いたと、伝えがあるとするのは出来すぎだろう。「いづれの御時にか、女御《にょうご》、更衣《こうい》あまたさぶらひたまひけるなかに、いとやんごとなききはにはあらぬが、すぐれてときめきたまふありけり」。式部が料紙の裏に書きつけたのは、この『源氏物語』冒頭の一節ではなかったろうか。

山内がひろく、風趣に富む。

珪灰岩層の上の台地に国宝の多宝塔がそびえる。あまりに優美なたたずまいなので、私はためつすがめつして見とれてしまう。源頼朝の寄進と伝わり、建久五年（一一九四）に建ったという。国内に現存する最古の木造二重宝塔である。

塔の背後、岡の高みへのぼれば、花卉《かき》園がひらける。四季の花ごよみを編めるほど数多い花卉のなかで、よく知られているのが梅だ。私は新聞の梅だよりを目安に、この岡の梅苑に憩ってきた。

胎内仏の甦り

縁起絵にもどるのだが、私の脳裏をはなれない一つの場面がある。

本堂の崖下の小池。中島に芽吹いたばかりの糸柳が描かれ、その梢に小金銅像が坐して、赫耀《かくやく》と光を放っている。

承暦《じょうりゃく》二年（一〇七八）二月二日、石山寺は火災で本堂を焼失したことがあった。「本尊（胎内像）けぶりのなかを飛び出させたまいて、池の中島の柳の上に光明かくやくとして掛からせたまいたりける（中略）。かの天徳の回禄《かいろく》（火災）に神鏡かしこどころを飛び出させたまいけり。先蹤《せんしょう》も思いあわせられて、末代といえども奇特のためしなり」と、縁起文もいう。

この承暦の火災で創建時の塑像は砕け、胎内像が飛び出したというのだ。その後、塑像は胎内像をもどして組み立て直された。木彫の部分を加える補修がくりかえされた。各時代をとおして補修が度重なった結果、塑像はついに木彫像となってしまったのだが、その像が創建時の塑像の形容を忠実にとどめて、天平の雰囲気をさえ漂わせているらしい。ある文化財研究者は、「深い信仰に支えられて仏像が生きつづけるということは、このような甦《よみがえ》りかたをいうのであろう。そしてすべての人がやすらぎを得るような御前立像を拝することで、秘仏本尊像の霊験を感じることができるということはなんと素晴らしいことであろう」と書いていられる。

ちなみに「天徳の回禄」とは、天徳四年（九六〇）九月二十三日深夜の内裏《だいり》炎上をいう。このとき、賢所《かしこどころ》に奉安されていた神鏡（八咫《やた》の鏡）が火焔のなかから飛び出し、紫宸殿《ししんでん》の前庭、左近《さこん》の桜の梢に止まった。焼け落ちる柱が梃子《てこ》のはたらきをすれば、起こりえないことではないが、それでも本当なら万に一つの奇跡であろう。

長い年月をかけて人びとの願力・念力が注がれてきているものには霊威が生ずる。『石山寺縁起』の伝えからも、そのことを考えさせられる。

第十四番・長等山 園城寺 ［三井寺］

大友皇子・円珍の昔

新古今《しんこきん》後の歌壇に活躍した藤原家良《いえよし》にこういう一首がある。

　古へはいともかしこし堅田《かたた》ぶな包み焼なる中のたまづさ

重病の天智天皇に死が迫っていたとき、吉野の山にこもって天皇の平癒を祈るという大海人《おおあまの》皇子《みこ》を宇治まで見送って大津京へ帰ってきた大臣たちを、大友皇子《おおとものみこ》は私邸に召集して言った。

――あなたがたは虎に翼をつけて野に放つようなことをなさった。叔父を殺し奉《たてまつ》らん――。

この経過は『日本書紀』にみえ、さらにどうなったかを『宇治拾遺物語』がしるす。

大海人は天智の弟。大友は天智の息子。大友の妃が大海人の娘の十市皇女《とおちのひめみこ》。夫の恐ろしいことばを耳に挟んだ十市皇女は悩む。悲歎のあげく、夫の計画を告げる結び文（玉章《たまずさ》）を「鮒《ふな》の包み焼」のなかに隠し、父大海人のもとへ贈った。フナは琵琶湖の名産。包み焼は、干し柿・胡桃《くるみ》・

蒸し練りした栗などをフナの腹に詰めて焼くものであったが、家良の時代には、皇女の故事にちなんで、結び文のかわりに結び昆布《こんぶ》をも詰めていたらしい。

壬申《じんしん》の乱（六七二）がおこった。二十五歳の大友（弘文天皇）を自害へと追った大海人（天武天皇）は、飛鳥浄御原宮《あすかきよみはらのみや》に即位した。

園城寺《おんじょうじ》の前身は、大友の子の与多王が天智天皇と父の菩提を弔《とむら》うため朱雀《すざく》元年（六八六）に建てた寺院。与多王が父の「荘園城邑」をすべて献じて寺院としたので、天武天皇は「園城」という勅額を下賜《かし》した。寺院となった「城邑《じょうゆう》」に大友皇子・十市皇女が暮らした遺邸が含まれるとみて間違いはないと思う。

時は流れ、廃墟にひとしかっただろう園城寺を再興したのが、智証大師《ちしょうだいし》と諡号《しごう》される円珍《えんちん》である。比叡山の山王院に住した円珍は、第五世天台座主《ざす》となった貞観《じょうがん》十年（八六八）、園城寺に唐院《とういん》をおこし、かつて唐からもち帰っていた経典類をすべて唐院に入れた。その後、比叡山の天台学徒は、第三世座主円仁《えんにん》の遺風を慕う派と円珍を慕う派とに分かれ、両派に確執が昂《こう》じた。正暦四年（九九三）、円珍派の学徒はついに比叡山をくだって園城寺に拠り、天台宗はここに、山《さん》門《もん》とよばれる延暦寺、寺門《じもん》とよばれる園城寺に分立した。

袂《たもと》を分かってからも確執は絶えなかった。園城寺は悲願とする戒壇設立の勅許《ちょっきょ》をえようと行動をおこすたび、山門の僧兵に襲われ、たびたび堂塔を焼かれている。歴史的な災禍《さいか》は治承四年

（一一八〇）十二月十一日だった。『平家物語』で知られるように、以仁王《もちひとおう》を奉じて平家打倒に立ちあがった源頼政《よりまさ》に与力したため、報復に押し寄せた平家の軍に全山を焼き尽くされた。南北朝の兵乱にも焼かれている。

しかし、この大寺は災禍に遭《あ》うごと、いや遭えばあうほど、不死鳥のごとく立ち直ったのである。

広大な寺域、数多の伽藍

元はといえば「城邑」であるから、長等山《ながらやま》を包摂《ほうせつ》する寺域がすこぶる広い。

寺域のうちで狭義の山内が往日、北院・中院（唐院）・南院に分かれていた。その地割りは現在にも反映していて、私は金堂《こんどう》・釈迦堂をふくむ以北の境域を北院、唐院を中心とした境域を中院、霊場札所である観音堂を中心とした境域を南院とよんでみたい。

観音さまへひたすら推参するか。山内を散策し心にゆとりをもって観音さまにぬかずくか。前者なら長等神社から百四十四段の石段をのぼる。後者なら仁王門をくぐる。アプローチに迷うことがある。

群青《ぐんじょう》など結構の彩りが錆《さ》びて古色のきわだつ仁王門から山内へ。釈迦堂を拝して金堂へすすむ。慶長四年（一五九九）に建っている金堂は山内最大の仏堂で国宝。入母屋造り・檜皮葺《ひわだぶき》の屋根の深い張り出しが美しい。台地の東南隅に「三井の晩鐘」で知られる鐘楼が建つ。

金堂の西裏にこれまた有名な閼伽井《あかい》がある。覆屋《おおいや》の格子《こうし》から覗《のぞ》くと石積みがみえ、石の下から水の湧き出ている音が聞こえる。天智・天武・持統三帝の産湯にこの湧水《ようすい》が用いられたと伝わるところから、園城寺は御井之寺《みいのてら》とよばれ、そこから「三井寺」の通称がひろまった。ちなみに、現在みるこの井戸の石積みは大友皇子の家居の跡とも伝わっているから、私はその由々しさに感懐をおぼえずにはいられない。

三井寺南院、琵琶湖を望む

閼伽井から東南へ。長等山麓の傾斜地、木立の透《す》きに一切経蔵がみえる。この名の建物は堂内に一切経（経典全集）を納める八角回転式の輪蔵《りんぞう》をもつ。私の記憶にある輪蔵のなかで、ここに見るのは最も荘麗な造りの一つである。
南へ堀割に架かる石橋をわたって唐院へ入る。大師堂・灌頂《かんじょう》堂《どう》・三重塔・護摩堂が唐院に建つ。塔頭《たっちゅう》の多い中院のなかで神聖な特別の一郭をなし、築地《ついじ》をめぐらされているこの唐院の、なんと厳粛な雰囲気につつまれていることか。
さらに南へ、木立のなかを山内道は迂曲高低し、南院へ至る。高みに観音堂の棟がみえてくる。

現在の観音堂は元禄二年（一六八九）の復興。九間五間・重層・入母屋造り・本瓦葺の礼堂、相の間、三間二間・単層・入母屋造り・檜皮葺の正堂からなる。

本尊は六臂《ろっぴ》の如意輪観世音菩薩坐像。私はお前立ちに秘仏の本尊の像容を偲んできた。

三十三所霊場巡拝の創始者は？

三井寺に観音堂が創建されたのは、後三条上皇の発願で延久四年（一〇七二）の春、その場所は長等山の頂上付近であった。現在の場所、麓の高みには文明十三年（一四八一）に移っている。

霊場三十三所巡拝の創始者を長谷寺の徳道であったとする説、また花山法皇《かざんほうおう》であったとみる通説が、ここで否定されることになる。両者の在世時に三井寺観音堂は未だ存在しなかったのだから。仮に、両者が巡拝した三十三所があったとしても、それは現在の三十三所ではなかったことになる。

『観音経』によれば、観世音菩薩はその身を変様すること三十三態、人間世界に示現されて、わたしたちに法を説き、どんな危難をも畏《おそ》れない心境へとわたしたちを導いてくださる。西国観音霊場はその三十三態にちなんで定められているが、現在の三十三所を順番はともかく最初にいったい誰が巡拝したのか。文献上で明らかな最初の人物は、三井寺の第三十三代長吏《ちょうり》（座主《ざす》）

であった行尊《ぎょうそん》（一〇五五―一一三五）である。『寺門伝記補録』にみるところ、年時は不詳だが、一番長谷寺から三十三番三室戸寺《みむろどじ》まで、行尊は百五十日をかけて巡拝をしている。次いで明らかなのは、同第三十八代長吏であった覚忠《かくちゅう》（一一一八―一一七七）。応保三年（一一六三）、覚忠は一番那智山から三十三番三室戸寺へ、日数七十五日の巡拝をした。

中世の三井寺は修験道のいわば本山であったとみなすことができる。役小角《えんのおづぬ》・白山《はくさん》の泰澄などから始まった山林修行を、真言密教の立場から取り入れたのが醍醐寺、天台密教の立場から取り入れたのが三井寺であった。修験の行として三井寺は、吉野の金峰山《きんぷせん》・大峰山《おおみねさん》から険峻な高岳を踏破し、熊野那智へ参拝する伝統をつちかっていた。覚忠がうたっている和歌などからそれが分かる。

所依の経典にみるところ、如意輪観音の像容は、二臂・四臂・六臂・八臂などに画作されている。三井寺の六臂のお前立ちは、右の第一手（思惟手）を頬にあて第二手で宝珠を、第三手で数珠を握る。左は第一手を地につけ、第二手で蓮華を、第三手で宝輪をもつ。この像容が那智山青岸渡寺の本尊と同一なのだ。三井寺の観音像は那智からの勧請《かんじょう》とみるのが正しいのであろう。

三井寺はこの吉野と熊野を結ぶ山林修行に優婆塞《うばそく》（在家の行者）を参加させた。優婆塞たちはやがて長等山上の観音堂経営にたずさわり、行尊・覚忠の先蹤《せんしょう》を手本として、霊場巡拝講というものを組織するようになっていった。

観音さまの冥利《みょうり》が女性にも子供にもおよぶように。優婆塞たちは婦女子を積極的に講へと勧誘した。しかし、その講の平素の予行所《よぎょうしょ》である観音堂が山上では、往還が難儀で、婦女子が二の足を踏む。他の霊場が山上にあるのはやむをえない。巡拝講が支障なく発展するように、三井寺の霊場だけでも人里に近いところへ移建できないものであろうか。現在地への文明十三年の観音堂移築は、優婆塞たちの集合的な意思が本山三井寺を動かしたところになされている。

鐘の伝説

観音堂のかたわらに童子鐘という鐘楼がある。有名な大蛇伝説は「三井の晩鐘」のほうであろうが、こちらにも伝説の鐘の声を耳底にしてみたい。

琵琶湖畔で悪童たちが蛇をいじめて遊んでいた。通りかかった男が蛇を哀れに思い、助けて湖《みずうみ》に放ってやった。その夜更け、男の家の戸を叩く者がある。美しい娘であった。一夜の宿を貸してほしいと言う。

娘はそのまま男の家に居着いてしまった。ふたりはいつしか夫婦となり、やがて娘がみごもった。男は妻のために産屋《うぶや》をつくった。

「子を産みおわるまで決して中を覗《のぞ》かないで」。言いおいて産屋へこもった妻が苦しみの声をあげつづける。男は居ても立ってもいられなくなり、ついに産屋を覗いてしまう。男は大蛇が身をよじらせて子を産むところを見てしまった。

「わたしは湖畔であなたに助けてもらった蛇です。正体を見られたからには、湖に帰らねばなりません。赤児が泣いたらこの玉を吸わせてください。泣きやまないときは湖にむかって三度手を叩いてください」。赤児の手に玉を握らせて妻はかき消えた。

玉を吸って赤児が育っている不思議を地頭が知る。地頭は玉を奪ってしまう。赤児は泣きやまなくなり、男は湖畔へ出て三度手を叩く。

懐かしい妻が湖水の底から現われた。

「さあ、この玉をもち帰ってください。あの玉はわたしの左目でした。これは右目です。わたしはもうあなたたちがどこにいるかも見えないのです。どうか朝晩に三井寺の鐘を撞《つ》いてください。わたしは鐘の声を聞いて、あなたたちが元気に過ごしていることを確かめ、あなたがたを慕びましょう」。

男はそれから、湖水の底へとどけと、三井寺の鐘を力いっぱい鳴らしつづけた。

観音堂の前の広場には展望台も設けてある。山麓といえども高みだから、琵琶南湖を見晴らせる。

私は展望台のあたりをすずろうとき、二首の和歌を胸に吟じてきた。

淡海《おうみ》のうみ夕波千鳥汝《な》が鳴けば情《こころ》もしのに古《いにしえ》おもほゆ

近江の海の夕波のうえを飛び交う千鳥よ。お前たちが鳴けば、わたしの心も波のようにさわいで、しみじみ、天智天皇が都を営まれた在りし日を思わずにいられない――。人麻呂はこの歌を与多王が寺をおこしたときに詠んだのではないだろうか。

いま一首は『平家物語』で知られる平忠度《ただのり》の歌である。

藤原俊成《しゅんぜい》を都落ちする忠度が訪ねたのは寿永二年（一一八三）七月二十五日。世の中が静かになって勅撰集の沙汰をうけられるとき、一首なりとも御恩を。忠度は自作百余首をしたためた巻物を俊成に托す。『千載和歌集』に俊成はこの歌を採った。

　　さざなみや志賀の都はあれにしをむかしながらの山ざくらかな

志賀の都のあとをとどめる三井寺を攻めるという愚を犯してしまった。三井寺は焼け落ちたが、以前と変わらず（むかしながらの）、長等の山に桜が咲いてくれているではないか――。

平家公達《きんだち》の一員である以上、忠度のような文人も武器を取らねばならなかったのが哀れ。清盛の命に逆らえず、過ぐる治承四年に三井寺を焼いたのは、じつは重衡《しげひら》と忠度なのである。一首にはその悔恨がにじむ。そして、歌の節は下句にある。私は「むかしながらの」を折返して読むところに胸を衝かれる思いがする。

祇園祭のこと、棟のこと

三井寺ではさらに、日ごろ脳裡にしてきた関連事がある。それを聞いていただきたい。円珍は唐から帰国の途についた大海の船上で、嵐のなか、新羅《しらぎ》の神に守ってもらっているという感得をした。現在の北院に新羅善神堂という国宝の建物があり、円珍が勧請《かんじょう》した霊神を祀ってある。

私は寛文二年（一六六二）に三井寺僧正の長円が書いている『仮名縁起』に「北院の鎮守《ちんじゅ》、新羅大明神は素戔嗚尊《すさのおのみこと》にておはします」の一文を見出して、わが意をえた思いがした。というのは、法然の浄土立宗を糾弾《きゅうだん》した興福寺の奏状に、「霊神に背《そむ》く過失」という一条があって、その条にみる、「上代の高僧はすべて霊神に帰依している。最澄は宇佐神宮へも春日大社にも参拝した。円珍も熊野三山に参拝、新羅からは牛頭天王《ごずてんのう》信仰を請来《しょうらい》した」という意味の記述に注目してきたからである。

牛頭天王をわが国が疫病消除のために新羅から勧請したのは、斉明天皇二年（六五六）であった。その後、播磨の広峰に祭祀されていたこの神を、貞観年間（八五九—八七七）に京都の瓜《う》生山《りゅうやま》に移安し、さらに祇園感神院《ぎおんかんしんいん》に再移安したのが明らかである。

新羅の旧辞にみる牛頭天王の経歴と記紀神話にみる素戔嗚尊の経歴はほぼ一致する。牛頭天王と素戔嗚尊は異名同神なのである。祇園感神院は明治の廃仏毀釈で仏寺的な部分を消去されてしまい、八坂神社となったが、現在の祭神名は素戔嗚尊。しかし、この社の祭礼である「祇園祭」

を、明治の初めまで、京都の人びとは「天王さんのお祭」とよびならわしていた。「祇園祭」とともに盂蘭盆《うらぼん》の送り火「大文字」が全国に知られる。長等山は大文字が点《とも》る如意ヶ岳の琵琶湖がわの支峰。瓜生山は京都がわの支峰。円珍は、長等山麓・瓜生山麓、両方にこの神を勧請したという私の心証がつよくなる。祇園感神院という天台末院をおこしてこの神を再移安したと伝わる「円如」なる僧は、円珍の弟子であったにちがいない。円珍に私は「祇園祭の始祖」という辞をさえ呈したくなる。

さらに、いま一つ。中院に護法善神堂という社があって、現在は鬼子母神《きしもじん》を祭祀している。「栴檀講《せんだんこう》」とよぶ密教行事があった。栴檀とは白檀《びゃくだん》・紫檀《したん》・赤檀《しゃくだん》など日本にはない香木の総称で、輸入されたそれら香木の粉を護摩木とともに燻《くゆ》らせ、薫香を呼吸して心身の浄化をはかる。昔、この三井寺善神堂で旧暦四月十六日に勤行《ごんぎょう》されていた栴檀講が、近畿一円に知れわたる大きな行事であった。

日本の古典には楝《おうち》という木がよく現われる。現在も山野に自生し、街路樹としても植栽されている。ところが、この木の名がいつごろからかセンダンに変わり、オウチといっても通じなくなってきている。「栴檀は双葉より芳し」というが、楝には残念ながら香りはない。しかし、清楚な淡紫の小花を樹冠いちめんに咲かせる。

栴檀講がおこなわれるそのとき、三井寺善神堂のまわりに楝の花が咲いていたのであろうか。

この花が咲き出したのを見て人びとは三井寺の梅檀講が迫ったのを感じたのであろうか。梅檀講のころに咲く花・梅檀の花・センダンと、楝は名を推移させたのかもしれない。私は木の名を本来にもどしたいので、そういうことを思ってきた。

旧暦と現行暦には四十日前後の偏差がある。旧暦四月十六日は平均して現在の五月二十六日ごろにあたる。このころ、京都ではまさしく楝が花ざかりとなる。五月中旬から下旬にかけて、卯《う》の花・楝・橘《たちばな》の順に花どきが来る。この三種の花が咲くなかで、ホトトギスが初音を聞かせてくれる。

佐々木信綱が作詞した「夏は来ぬ」を添えておこう。自然の移りゆきにも観音さまの慈愛が遍満している。

卯の花の　におう垣根に　ほととぎす　早も来なきて
　しのび音もらす　夏は来ぬ
橘の　かおる軒端に　窓ちかく　ほたるとび交《か》い
　おこたり諌《いさ》むる　夏は来ぬ
楝ちる　川辺の宿の　門《かど》とおく　水鶏《くいな》声して
　夕月すずしき　夏は来ぬ

第十五番・新那智山 観音寺〔今熊野〕

京都の七条大路の東の突きあたり、東大路に面して、妙法院・智積院《ちしゃくいん》が広い寺地を占めているが、この二大寺の背後の山を阿弥陀ヶ峰とよぶ。「ふとん着て寝たる姿や東山」と形容され、低くなだらかな稜線を南北に延ばしている東山連峰のなかで、阿弥陀ヶ峰はこんもりと円く目に立つ山である。

「鳥部野《とりべの》のけぶり」といえば無常をあらわす古来の常套語《じょうとうご》であった。阿弥陀ヶ峰を境に、北がわの近辺、市中に面した東山山腹をさして鳥辺野《とりべの》と漢字があてられてきた。鳥辺野は地下人《じげにん》、主として庶民階級の葬送地であった。南がわの近辺、東山山腹には鳥戸《とりべ》野《の》とあてる。鳥戸野は殿上人《てんじょうびと》、皇族・貴族の葬送地であった。そして、鳥辺野・鳥戸野の双方を包括する葬送地の概念として「鳥部野」がもちいられていた。

霊場紀行は京都に入って、観音寺・清水寺・六波羅蜜寺・頂法寺・行願寺をめぐる。

第十五番霊場観音寺の位置がまず、鳥戸野のほぼ中心にあたるのである。観音寺は境内地に御陵をもっている。

往日は庶民の立ち入りを禁じられていたかもしれない殿上人の葬送地の寺院が、いかなる経過をたどって霊場に数えられることになったのか。私の頭の中では理解できているものの、筋みち立てて説明するのがむずかしい。まず複雑な経過をほどいてみようと思う。

熊野の観音霊場になぞらえて

嵯峨天皇が国家仏教として真言宗を公認、空海に東寺を下賜《かし》したのは弘仁十四年（八二三）であった。観音寺の縁起では、それより早く、大同四年（八一〇）から京都に止住した空海がこの鳥戸野に庵を結んだ期間があったのだという。そして、空海はあるとき、庵に飄然と現われた熊野権現の化身と称する老翁から十一面観音の小像を托され、その像を安置する観音堂をこの地に起こしていたのだという。

空海の没後、観音堂は左大臣藤原緒嗣《おつぐ》の手で法輪寺とよばれる寺院になった。さらに斉衡《さいこう》二年（八五五）、緒嗣の子の春津が法輪寺を仙遊寺と改めているのだが、仙遊寺の奥の院が空海の発起《ほっき》と伝わる観音堂であった。空海に観音の小像を托した仙人が遊化《ゆけ》をした土地という意味で、春津は法輪寺の名を「仙遊寺」と改めたのであったろう。仙遊寺奥の院の位置をそのまま、現霊場と考えてよいようである。

そこで観音寺という名だが、この寺名は藤原道長の日記『御堂関白記《みどうかんぱくき》』と『栄花物語』に初めて現われる。藤原穆子（道長の室倫子の母）が長和《ちょうわ》五年（一〇一六）に没《な》くなり、葬儀がここ鳥戸野の観音寺でおこなわれている。仙遊寺奥の院の観音堂はこのころすでに仙遊寺から分離され、鳥戸野の葬送寺院として独立した歩みをおこしていたのであろう。

時代は約一世紀くだって白河上皇が観音寺に着目した。熊野三山に祭祀されているのは、この紀行の冒頭にも述べたとおり、日本民族の祖霊といってよい神々である。上皇は鳥戸野の地に熊野権現の化身が出現したという故事があることを重視、観音寺を熊野那智の観音霊場になぞらえたのである。

鴨東《おうとう》の平安神宮に近く、聖護院《しょうごいん》とよばれる大寺が現に存在する。聖護院という名は、聖体（君主）を護衛する寺院という意味をもつ。白河上皇は院政を執った期間に十一回にわたる熊野参拝行をしている。私は先に、三井寺が修験道の本山の観をなし、熊野那智へ参拝する伝統をつちかっていたと述べた。聖護院は白河上皇によって起こされているのだが、そこは上皇の熊野御幸を先達《せんだつ》する三井寺修験僧たちの詰所《つめしょ》であった。じつは、白河上皇の命のもと、聖護院の先達僧たちが藤原氏摂関家から観音寺を譲り受け、熊野那智を遥拝《ようはい》する平素の修行をここ観音寺でおこなっていたらしい。

私はそこで、先に言及した三井寺の行尊《ぎょうそん》に留意する。行尊が現西国霊場三十三所を巡拝した年代は白河上皇の院政期と重なる。『寺門伝記補録』が収める「行尊三十三所巡礼手中記」に、観音寺は二十五番として現われている。これ以前に観音寺が巡礼札所となっていたとは歴史的な経過から考えられない。現在の三十三所を最初に巡拝した人物はやはり行尊であろう。白河上皇の愛顧を行尊はうけ、ここ観音寺で熊野を遥拝し、上皇の御幸の先達をもしたのであろう。行尊の営為があってこそ、観音寺は優婆塞《うばそく》の行者にも解放され、庶民もまた参拝することができる観音霊場となったとみるべきなのだ。

さらに後白河上皇への言及を怠《おこた》れない。

この上皇が院政を執った平安末は、源平の争乱もあって未曾有の国難であった。熊野の神々の加護を念じて危機を乗り切ろうという意識が国家体制のなかに高まっていた。

後白河は国事行為として熊野御幸を重んじた。院政を執った二十一年間に熊野御幸は二十七回を数えるのだから由々しい。御幸一回に要した日数はほぼ一ヵ月。しかも、出発に先立って上皇は精進屋に一週間近くも籠り、潔斎の日々をおくって心身を清めていた。縁起は、後白河のその精進屋が設けられたのも、ここ観音寺の山内であったという。

東大路と七条大路が交わる東山七条。西南角の、一辺約三〇〇メートルの枡形の範囲が院御所、後白河上皇が平生に起居した法住寺《ほうじゅうじ》南殿であった。後白河は永暦《えいりゃく》元年（一一六〇）、南殿の南に隣接した地に新熊野社《いまくまの》を創立した。祭神は熊野十二所権現。家津御子神《けつみこのかみ》（素戔嗚尊《すさのおのみこと》）など国つ神系を除いて、天孫系の神々のみ十二柱が勧請《かんじょう》されているのが特徴である。後白河は十二神のうち、那智の主神である夫須美命《むすびのみこと》（伊弉那美尊《いざなみのみこと》）をこの新熊野社の主柱、夫須美命から生まれた天照大神を副柱とした。

観音寺は新熊野社から東南へ直線で約八〇〇メートルの距離にある。後白河は観音寺を新熊野社の神願寺と位置づけ、鳥戸野の露に濡れながら両寺社の間をしばしば往還したのであったろう。これも先にふれたのだが、行尊を継いで、三井寺の覚忠は応保三年（一一六三）、第一番札所を那智山とする霊場巡拝をしたのであった。『覚忠三十三所巡礼記』は観音寺を二十六番として示し、「本尊千手、新熊野の奥にあり」と添記している。

空海が熊野権現の化身から托された小像は十一面観音であった。現観音寺の本尊も秘仏の十一面観世音菩薩である。というのに、「本尊千手」とはなぜなのか。じつは、行尊の『巡礼手中記』も本尊を「等身千手」としている。

本地熊野の項で述べたように、仏国土（本地）におられる如来・菩薩は、救済する対象のわたしたち人間の理解力に見合う形（応身《おうじん》）で、この現世に出現して来られる。そこにおこった神仏習合の思想（本地垂迹《ほんじすいじゃく》）によって、日本の創世記の神々は如来・菩薩の応身と考えられてきていた。

那智に祭祀されている夫須美命はこの思想によって千手観音の応身、天照大神は十一面観音の応身である。観音寺は本尊として空海伝来の十一面観音を安置していたが、それ一体ではあまりに小像にすぎる。白河上皇は那智の観音霊場になぞらえるあまり、等身の千手観音像を新たに造立したにちがいない。後白河は曽祖父白河の先蹤《せんしょう》を重んじた。観音寺の本尊は小十一面観音像にちがいないが、その像が別壇の仏龕に納められ、須弥壇の中央には大きな千手観音像が安置されているのを目のあたりにして、新熊野社にも夫須美命を主柱として勧請、天照大神を副柱としたのであろう。

観音寺医聖堂

観音寺はその後、南北朝の兵火にみまわれ、数奇な運命をたどった。南北両朝から左大臣・太政大臣として重んじられた洞院公賢《とういんきんかた》が撰述している『拾芥抄《しゅうがいしょう》』にみるところ、同時代の観音寺は法性寺《ほっしょうじ》観音堂に代行されている。霊場巡拝者は、観音寺の本尊が兵火に失われたので、遠くない法性寺の千手観音像を拝跪《はいき》するならいになっていたらしい。

西国霊場としての観音寺がよみがえったのは室町時代、応仁の乱以降と考えられる。白河上皇所願の千手観音像はついに再興されず、空海の伝承にもどり、この新那智山は十一面観音のほうを本尊と仰いで現在に至っている。

鳥戸野陵、観音寺への道

東山七条から東大路を南へ、最初のバスストップが「今熊野《いまくまの》」、二つ目が「泉涌寺通《せんにゅうじみち》」。観音寺へは泉涌寺通をのぼるのが主参道にあたる。

新熊野神社が今熊野のバスストップのそばにある。大きな緑の樹冠が東大路へ迫り出しているから、遠くから分かる。大樹は樟《くすのき》。新熊野社創立のみぎり、後白河上皇は熊野那智から樟の若木を土もろともに運ばせて社頭に植栽させた。大樹をその樟とする伝えは間違いないだろう。あの那智大社・青岸渡寺《せいがんとじ》の築地《ついじ》口にそびえる大樟と血を分けた兄弟なのかもしれない。

裏参道をたどろう。新熊野神社にまず参拝。社頭の南はずれの信号で東大路をわたり、そのまま真直ぐ東へ坂道をのぼる。

道すがら「今熊野梛《なぎ》の森町」としるす標識板が目につく。梛は熊野の神木。新宮速玉大社《はやたまたいしゃ》の注連縄《しめなわ》をかけてもらっている大樹が目に浮かぶ。後白河は梛の森をもつくっていたのか。坂の町の過半をいまは清水焼の陶工の家々が占めている。

行く手に剣《つるぎ》神社という鄙《ひな》びた郷社《ごうしゃ》が現われる。郷社の前を流れる音無《おとなし》川に小橋が架かり、しだれ桜が欄干にしずれている。坂道とわかれ、小橋を渡って、ひそやかな小径《こみち》へ歩をはこぶ。

人家が尽きて路傍が草深くなる。丘陵一円の木立が深い。鳥戸野陵へのぼる敷石の参道がみえてくる。木立に隠れる丘上の陵墓は、一つが一条皇后定子《ていし》の土葬塚。いま一つが、醍醐皇后穏子《おんし》・円融女御詮子《せんし》・後朱雀《ごすざく》皇后禎子《ていし》・後冷泉女御歓子《かんし》・白河中宮賢子《けんし》・堀河女御苡子《いし》の火葬塚。いずれも王朝栄花のヒロインたちである。時代は葬送形式の過渡期であった。火葬を遺言したヒロインたちはこの地で荼毘《だび》に付されたのであろう。

私はしばしば鳥戸野陵へののぼり口で散策の歩を休めてきた。周囲に楢《なら》の壮木たちが思いおもいに天を衝《つ》いている。植栽されたという人為《じんい》の跡がない。明らかに自生の木々たちである。小径はかそけく、平安の昔の踏みあとをとどめているかのように、楢と楢のあいだを縫っている。晩秋には楢木立を見あげてその鮮烈な色づきに呼吸《いき》をのんだこともあった。

小径が石垣に沿って迂曲してゆく。石垣の上は墓地である。造成の手が加わって新しい墓塔がずいぶん増えたが、以前は西行のこんな歌のおもむきを濃くとどめていたのだった。

なき跡をたれと知らねどとりべ山おのおの凄き塚の夕暮

鳥戸野の往古の風光をしのびつつ歩む小径が木立の下へ入って仄暗《ほのぐら》くなる。京楓《きょうかえで》（イロハモミジ）が手の届きそうな頭上に枝を差し交わしている。木々の透《す》き、前方に、朱の欄干をもつ鳥居橋が見えてくる。橋の下をくぐって小径は尽きる。

鳥居橋を渡れば観音寺の山門が現われる。

重層屋根の本堂、棟に宝珠をいただく大師堂。楓木立の透きに両堂が見えてくる。この霊場は楓の波に洗われている隠れ寺である。

履物をぬいで本堂へ。本尊お前立ちは十一面観世音菩薩立像。内陣・外陣の結界が低いのがありがたい。金色のお前立ちをつぶさに拝することができる。

本尊に念誦《ねんじゅ》したあとは、本堂の広縁に坐して風景に憩ってきた私だ。楓もみじが真っ盛りだった一日、私は観音さまの浄土へ来合わせたかと思う安らいを、ここに感じたことがあった。

医聖堂・泉涌寺・即成院へ

さて、「仙遊寺奥の院の位置をそのまま、現霊場と考えてよい」と先に述べたのだが、仙遊寺の後身が、皇室の勅願所として知られる現在の泉涌寺《せんにゅうじ》なのである。

観音寺の南、木立つづきに、泉涌寺は数々の御陵を含む広大な境域を占めている。

後白河の孫、後鳥羽上皇の庇護をうけて仙遊寺を復興したのは、入宋求法僧《にっそうぐほう》、建保六年（一二一八）に帰国した俊芿《しゅんじょう》である。寺名が泉涌寺と改まり、御願寺に列したのは貞応三年（一二二四）。春津は法輪寺を「仙遊寺」と改めたのであったが、俊芿は衰微していたその古寺に清泉の涌出《ようしゅつ》を見て瑞兆《ずいちょう》と感じ、寺名を「泉涌寺」と再改したという。仁治三年（一二四二）四条天皇が泉涌寺に葬送されて以降、山内には歴代天皇の陵墓が設けられてきた。京都には「御寺《みてら》とよべば泉涌寺」という成語がある。この成語は今も通じるのだから由々しい。

言及しておきたいことが、いま一つ。

空海坐像を安置する観音寺大師堂のそばから、高みへ登ると塔がある。古い塔ではないけれども医聖堂といい、医家先哲の百二十二霊を祀ってある。

霊名板に、平安時代の霊位で丹波康頼《たんばのやすより》の名がみえる。康頼は永観二年（九八四）に日本最初の医学書『医心方』三十巻を完成した人である。江戸時代までくだれば、貝原益軒・山脇東洋・華岡青洲・渋江抽斎などの名もあがっている。

この霊場の観音さまには、江戸時代から、頭痛消除・諸病平癒の祈願が盛んであった。後白河上皇が持病の頭痛をつねに当山の観音さまにぬかずくことによって癒やされたと、そういう伝えから生まれた信仰で、医聖堂の造立にまで信仰が波及しているところが頬笑ましい。時代は転換期であった。武士の台頭・律令体制の崩壊・平清盛の専横など、後白河上皇の頭痛の種は尽きなかった。上皇は紛れもなく頭痛に悩む君主であった。

霊場からの帰途、泉涌寺の仏殿・舎利殿などをめぐらせてもらう。主参道をくだると総門わきに、泉涌寺の子院の一つ、即成院《そくじょういん》があって、私はここに定朝《じょうちょう》様式の阿弥陀如来坐像と二十五菩薩坐像を拝してもきた。御陵みちを通り抜けて、東福寺まで歩をのばす散策も心が充ち足りる。

第十六番・音羽山　清水寺

百度参りの跡を残す本堂

清水寺も世界遺産に登録されている。〝清水の舞台〟で知られる本堂は国宝。数ある堂塔のうち十三棟が重文の指定を、本坊の成就院《じょうじゅいん》庭園が名勝の指定を、それぞれ受けている。

東山五条からこの世界遺産へのぼる五条坂が、途中で二筋に分かれるのだが、一方を〝茶わん坂〟という。昭和戦前、生け花を教える母が茶わん坂に並ぶ清水焼の窯元《かまもと》の二軒へ出稽古をしていたので、小学生の私はいつも母のあとに随いて行った。

坂のゆきどまりに三重塔がそびえる。坂の両側には二階建ての町家が庇《ひさし》をつらね、どの家も大屋根の切妻を少しずつ外に見せて、塔の直下まで、整然といらかの波が迫《せ》りあがっていた。

私は塔を遠くから仰ぎながら茶わん坂をのぼった。そして、母が窯元ののれんの奥へ消えているあいだ、犬が独り歩きをするように、清水寺の山内を歩きまわって飽きなかった。

広い石段をあがる。次に急な石段をあがって仁王門をくぐる。さらに石段をあがって三重塔のあたり、台地に立つ。この高みから京都市内の万戸のいらかを見晴らした気分は、雲の上に出たように爽快であった。

西門・三重塔・経堂・開山堂が、西から東へ台地上に並び建つ。開山堂は田村堂ともよばれ、坂上田村麻呂夫妻の像を祀ってある。

轟門をくぐり、朝倉堂とよばれる法華三昧堂《ほっけさんまいどう》を左に見ながら本堂へ。切り立った崖に本堂の大きな舞台が迫り出している。

本堂は桁行《けたゆき》九間・梁行《はりゆき》七間、左右に翼廊をもつ。寄棟造《よせむねづく》り・檜皮葺《ひわだぶき》の大建築である。

本堂の回廊を東へ通り抜けると堂宇の配置が鉤《かぎ》の手に曲がる。音羽山《おとわやま》の緑の懸崖《けんがい》を背に、北から南へ、釈迦堂・阿弥陀堂・奥の院が並び建っている。

本堂東回廊の長押《なげし》に大きな額で『観音経』の偈文《げもん》が掲げてある。

具一切功徳《ぐいっさいくどく》　慈眼視衆生《じげんししゅじょう》
福聚海無量《ふくじゅかいむりょう》　是故応頂礼《ぜこおうちょうらい》

「観世音菩薩はよい結果をもたらす能力をすべてそなえ、やさしい眼でわたしたち衆生を見つめていてくださる。無限の大海にすべての川が流れこむように、そこには福が集まっている。だからこそ、わたしたちは観世音菩薩を頂礼しよう」

本堂が第十六番札所であり、本尊は十一面千手千眼観世音菩薩立像。観音信仰は観音さまの広大な慈悲にすがって現世に救済を求める信仰でもあるから、ここ本堂でも、遠い昔からあまたの現世祈願がなされてきた。

少年の私は、百度参り・千度参りをする人をいつも見かけたのだった。

百度参りは、あらかじめ数えた竹串を手に本堂の外をまわり、一周するごとに本尊へ念誦《ねんじゅ》して竹串一本ずつを箱のなかへもどしてゆく。足どり危うく竹串で腰長押《こしなげし》をなぞってゆく眼の不自由な人をしばしば見かけた。本堂の腰長押には、百度参りの竹串でこすられたあとが深い溝となって今も跡をとどめ、信仰の長い歴史を物語っている。

清水寺、奥の院から望む三重塔

偈文の額の下から本堂回廊を離れ、八十五段の石段を降りれば、音羽《おとわ》の滝へ出る。

どんな人が今日は滝にうたれているだろうか——。

滝の水音に耳傾けるのも、滝にうたれる行者の祈りの姿を間近に見るのも、少年の日の楽しみであった。

庶民の寺になった理由

伝承に目をとおしておきたい。

南都法相宗《ほっそうしゅう》の僧延鎮《えんちん》が山林修行を志していた。夢に観音の啓示をうけ、霊水を求めてはるばるこの清水山中まで彷徨してきたのは、宝亀九年（七七八）であったという。

延鎮は音羽の滝のそばに小さな草庵を見出した。行叡と名のる老いた私度僧《しどそう》がその草庵に独居していた。

――わたしは観音さまの霊験を念じて、あなたが現われるのを待っていた。この斬木《き》は観音さまを彫ろうと用意してきたもの。わたしに代わって、あなたが観音さまを彫り、この山に精舎《しょうじゃ》をおこしてくださらないか。

白髪白衣の行叡は言いのこすと、延鎮に斬木を托して去って行った。

延鎮・坂上田村麻呂がめぐり会ったのは、二年後、宝亀十一年の夏。田村麻呂は妊婦の安産に若鹿の血を飲ませるのがよいと人から教えられ、妻のために若鹿を射止めようと山中に来合わせたのだという。

興福寺南円堂でもふれたように、観音欣求《ごんぐ》の思想には、鳥獣のなかで鹿をとりわけ愛護しようとした流れがみられる。延鎮は観音の大悲を田村麻呂に語り、鹿を射る非を諭したのであろう。田村麻呂は老私度僧の所願を継ごうとしている延鎮の志にうごかされた。世は奈良時代の末。田村麻呂が清水寺の最初の観音堂を延鎮のために草創寄進したのは、宝亀十一年（七八〇）であった。

征夷大将軍となる過程で田村麻呂が観音の加護を祈願したところに、清水寺の寺観はいよいよ整っていった。平安京を造営した桓武天皇は南都旧仏教六宗の勢力が新京へ伸びるのを抑えて私寺の新造を禁止していたのだが、清水寺は延暦二十四年（八〇五）御願寺《ごがんじ》に列せられるまでとなる。田村麻呂はすでに蝦夷《えぞ》を鎮定した英雄であったから、法相宗のこの私寺には例外的に国家による保護の手がさしのべられたのである。

清水寺はしかし、皇室の御願寺という性格をしだいに薄め、庶民に開放された寺院に変貌していった。そこに三つの理由が与《あずか》っている。一つは本尊が十一面千手観音であり、王朝の女性たちの信仰に支えられたこと。一つはやがて西国三十三所観音霊場めぐりの札所となったこと。さらにいま一つはこの寺院の境域が街道となったことである。

おさらいとなるけれども、天照大神は十一面観音の、天照大神の母伊弉那美尊《いざなみのみこと》は千手観音の、それぞれ垂迹《すいじゃく》。長谷寺においてみたように、王朝の女性たちは天照大神の本地身《ほんじしん》である十一面観音を思ったのであった。長谷寺は観音の本地である遥か南の熊野を心眼で望見する外舞台をもつ。

ここ清水寺はさらに大きな本地望見の舞台をもち、長谷寺に代替する霊場として、まず脚光を浴びたのだ。

御願寺が開放された最大の理由は、しかし、寺域が街道となったからであろう。

東国へ旅立つ中京・下京の人たちは、清水寺の本尊に道中の息災を祈願して、ここから旅の第一歩を踏み出していった。

東国から来た旅人は逢坂《おうさか》の関を越えて京域の土を踏む。山科野《やましなの》の五条別れの辻まで至って、上京へむかう人たちは西北へ、粟田口への東海道をとった。鳥羽《とば》・伏見へむかう人たち、さらに園城寺をあとに観音寺をめざす巡礼の徒は、東山を辷石《すべりいし》越えする道をとった。中京・下京へ出ようとする人たちは真西へむかい、東山を中山《なかやま》越えする道を選んだ。

中山越えは東山の鞍部から山を巻いて清水寺へ通じていた。中山という呼称は諸国にあって、近道という概念を内包しているように私は思う。「清水寺奥の院の南のかた、梢さしかわしたる山峡《やまあい》なれば、苔なめらかにして水絶えず、ここを滑谷《しるたに》という。大津へゆきかよう道なれば往来の人多し」と、延宝五年（一六七七）の『出来斎京土産』は書いている。滑谷すなわち中山越えであった。鎌倉時代以降、とりわけ京都遊覧が盛んとなった江戸時代には、行くも帰るも清水寺を経由する、中山越えをする人たちが多かったというのが、私の心証である。

鴨川の流れの末にゆく船は、遠浦《えんぽ》の帰帆か、冴《さ》えわたる清水寺の鐘の声これは江戸初期に流行した三味線歌謡「東山八景」の一節。山を巻く木立の彼方から、いまだ隠れて見えない清水寺の鐘の声が至近にひびいてくる。ああ、中山越えのあたり、と万人に分かったのであろう。山峡をとおして、淀川を鳥羽の港へさかのぼる、南蛮帰りの朱印船の帆を遠望できたのである。以前は清水寺本堂外陣に、角倉船《すみのくらぶね》・末吉船など朱印大船を描いた巨大な絵馬が掛かっていて、拝観名物の一つであった。

絵馬は航海の安全を祈願したしるしにちがいないが、中山越えが遠帆望見の名所であったことも、奉納された理由の一つにちがいない。

中山越えは音羽の滝に出た。東国から帰って来た旅人は滝の水で身を清め、本堂にぬかずき、観音さまに加護の御礼を述べたのであろう。

諸堂塔が並ぶ崖の下を錦雲渓《きんうんけい》という。滝の水音に耳澄まし、渓谷をおおう春は桜の梢、秋は紅葉の透《す》きから崖の上の仏堂の配置を目におさめると、延鎮がこの地に霊水を求めたという故事が首肯《しゅこう》されてくる。本堂の舞台までが街道となって賑《にぎ》わった地勢の機微もまた実感させられてくる。

清水寺、音羽の滝

音羽の滝は流水ではない。地中から崖に湧き出る伏流水《ふくりゅうすい》である。音羽の「羽」は東洋音楽の五音音階を示す「宮《きゅう》・商《しょう》・角《かく》・徴《ち》・羽《う》」からきていると私は思う。宮は低く太い音。羽は高く細い音。三条の糸となった滝は涸《か》れることも溢《あふ》れることもなく、渓谷の岩床を、一定の変わらない音の高さ細さで、悠久の昔からうちつづけてきたのであろう。

清水寺への坂道

清水寺は観光名所でもあるから、アプローチがいろいろある。どの坂道をゆくか、私はいつも思案に余ってしまう。

表参道は清水道の名をいまにとどめる松原通りの延長の坂である。江戸時代はじめまで五条通りは松原通りのことであった。鴨川の五条大橋は現在の松原橋の位置に架かっていた。そして、松原通りという名は、往日ここが松並木のつづく参道であったところに由来する。

二年坂を経て産寧坂《さんねいざか》へ、八坂通りから産寧坂へ。この二つのルートも古来の参道である。松原通り、二年坂・産寧坂、八坂通り、五条坂・茶わん坂、それぞれに、なんと京情緒があふれていることか。

清水へ祇園をよぎる桜月夜こよひ逢ふ人みなうつくしき

明治三十四年（一九〇一）二十四歳でこの絶唱をのこした与謝野晶子は、鉄幹とふたり、おそらく二年坂か八坂通りから産寧坂をのぼったのだ。晶子の影響下に大正四年（一九一五）二十五歳の水町京子が詠んだ、こういう二首にも私は頰笑まされる。

春あさき清水の坂上りゆく我は旅人恋ふひともなし

京の紅《べに》京の人形はたごやのともしびの下に並べ見るかな

独り旅の思い出に京紅と京人形を、京子は清水の坂のどこかで求めたのであろう。

京の子が日傘たたんでしやんなりと青葉美し清水のぼる

これは京子と同時代、松本初子の一首。背筋を正して京娘が坂道をのぼってゆく。

能楽に親しい人びとは『熊野《ゆや》』の謡《うた》いを思い起こされるだろう。「春の隙《ひま》ゆく駒の道。はや程もなくこれぞこの。車宿り、馬留《んまとど》め」。花どきがきて清水寺へのみちゆき。主人公の熊野は牛飼《うしかい》車《ぐるま》をおり、本堂にのぼって、国元で患う老母への加護を念誦《ねんじゅ》する。

いにしへの花のかげさへ見ゆるかな車やどりの春の夜の月

江戸中末期のこと、夜の花見に清水寺門前に立った香川景樹《かがわかげき》は、熊野をしのんで詠んだ。車宿りは失われた。馬留めは現在なおも、仁王門下に古いたたずまいをみせている。切妻造り・本瓦葺、がらんどうの遺構だが、昨今の私は山内に歩を入れるに先立って、この遺構を前に牛馬までがひしめいた往日をしのぶ。

遠来の人びとには、特別に申し出て、本坊成就院庭園を拝観なさるよう、お勧めしておきたい。

その成就院へのみちすがら、随求堂《ずいぐどう》裏の土手に、風化した石仏が集めてある。

京都旧市内にはお地蔵さんが多い。明治第二代の任権知事槇村正直は市民の地蔵信仰を封じ、旧市内から路傍の石仏を一掃する過激な施政をおこなったので、清水山内にはたくさんの石仏が運びこまれた。知事が代わって由緒あるお地蔵さんたちはそれぞれ元の町内へもどったが、引き取り手のない石仏がこの土手に集められたのだそうである。

十一面観音像、大日如来像、釈迦仏と阿弥陀仏を一枚の石に肉彫りした二尊像など、その数五百余体。昨今はまずこの石仏群をたずねて合掌する私である。

本堂へのぼって外陣に坐す。内陣は比叡山延暦寺の根本中堂のように一段低くなっている。須弥壇上に金色の光を放つお前立ちを拝し、中央の仏龕にむかって念誦する。御正体《みしょうたい》は閉じられた扉の奥にいらっしゃる。

長押《なげし》上に三枚の懸仏《かけぼとけ》を仰ぐ。堂内の幽暗に目が慣れるうち、三枚の銅円板にそれぞれ肉彫りされている観音像が徐々にみえてくる。

懸仏の下に大きな礬《きん》が奉納してある。過日はこれを打たせてもらった。回廊まわりのざわめきを掻《か》き消して、澄んだ甘美な音の波動が堂内に充ちわたった。

舞台に出て広びろした展望に憩う。錦雲渓をへだてた丘の木立のなかに子安《こやす》の塔がみえる。妻の安産を観音に祈請《きしょう》した田村麻呂は美しい娘春子をさずかった。春子は桓武天皇に入内《じゅだい》して第十二皇子葛井《かどい》親王をもうけている。葛井親王は兄嵯峨天皇のために皇子誕生を立願して塔を建てた。その塔はもと産寧坂の頂きに華麗なたたずまいを見せていた。現在地へは明治の移建。京都の庶民たちは、田村麻呂の祈請・葛井親王の立願にあやかり、己が家族の安産を念じて、塔を子安の塔と名づけ、塔へ至る坂を産寧坂とよびならわしてきた。

舞台をあとに音羽の滝を見おろす石段上に立つ。三条の水の糸が光り、羽《う》の音のひびきが心地よい。石のきざはし、差し交わす木々の枝、水の糸。私の記憶の乾板に焼きついている切絵そのままの風景である。

滝の西、錦雲渓には、田村麻呂が敵将とはいえその人間性に心服した蝦夷の英雄、アテルイとモレの顕彰碑がみられる。

過日の私は、奥の院から子安の塔まで散策、錦雲渓ではアテルイとモレの碑に敬礼して、三重塔が立つ高みへもどって来た。

清水の塔の下こそ悲しけれ昔の如く京のみゆれば

晶子の絶唱からほぼ十年後、独りふるさとの京都へ帰った与謝野鉄幹が詠んでいる。古来の万人の感慨をまで汲みとったかと思える雄渾なうたいぶりである。私の少年の日がまた、この鉄幹の一首からよみがえってくる。

第十七番・補陀洛山 六波羅蜜寺

世界で最も美しい散歩みち

霊場札所は、十七番から十九番まで、京都市中の三ヵ寺となる。清水寺からきびすを返して六《ろく》波羅蜜寺《はらみつじ》へむかう巡拝者がいらっしゃるだろう。それには松原通りをくだるのが順路なのだが、私は産寧坂《さんねいざか》を経て八坂《やさか》通りをくだる遠まわりのすずろ歩きをお勧めしてみたい。

軽い道案内をまずさせていただこう。

産寧坂はしっとりとした石畳。哲学者サルトルは一九六六年、ここを「世界で最も美しい散歩みち」とよんだことがあった。二年坂と分かれて八坂通りへかかるや、法観寺の五重塔がみえてくる。通称「八坂の塔」。創建は飛鳥時代、何回か火災に遇って現在の塔は永享《えいきょう》十二年（一四四〇）の再建。礎石などは創建当初のままで、そこまでを偲べば、京都周辺で最古の塔である。八坂通りの狭い路上から、目の前に悠然と屹立《きつりつ》する塔のたたずまいに目を凝《こ》らす。

東大路通りまで出たところで、そのまま八坂通りを西へくだるか、一筋南の松原通りをくだるか、私は自分に問いかけてみる。

八坂通りをゆけば右手に建仁寺の勅使門が現われる。「六波羅」といえば、平家一門の邸宅がひしめいて平家政権の中心地であった。清盛の弟教盛《のりもり》はその六波羅の大門脇に邸宅を構えていた。寿永二年（一一八三）七月二十五日、平家は六波羅に火を放って都落ちしたが、教盛邸の門だけは焼けのこった。建仁寺勅使門は切妻造りの端麗な四脚門である。柱と扉に矢が刺さった痕《あと》があって「矢立ての門」ともよばれ、教盛邸から移建された門だと伝わっている。この門の筋向かいから道を南へ。松原通りと交わる「六道《ろくどう》の辻《つじ》」をまたげば、六波羅蜜寺の本堂の棟《むね》がみえる。

私はときに松原通りをくだる。珍皇寺《ちんこうじ》へ立ち寄ろうと思うからだ。

珍皇寺には石の地蔵菩薩がたくさんいらっしゃる。衣冠束帯《いかんそくたい》の小野篁《おののたかむら》像、閻魔王の像もみられる。昔から京都の庶民は盂蘭盆《うらぼん》の精霊《しょうりょう》迎《むか》えにこの寺をおとずれていた。鐘楼の鐘を「おっかあ、きとくれや」ゴーンと撞《つ》いて帰って来る。そんなならわしであった。

浄土教の救済思想がひろく説かれる以前、貧しい民衆には往生のみちが閉ざされていた。戒律を守ってきびしい修行に耐ええた出家者、学問知恵のある高貴な者、造像起塔のできる富貴な者、往生を遂げるのはそれらのみと考えられていた。大多数の民衆は、この現世では観音さまの慈悲にすがることができるけれども、死ねば地獄へ落ちると決めこんでいたとみて過言ではない。

そういう民衆に――地獄へ落ちても怖くないんだよ――地獄の入り口には地蔵菩薩がお立ちに

なっているから、お地蔵さんにすがれば苦を除いてもらえるんだよ——と教えたのが小野篁である。

平安仏教の寺院で、祈祷の寺ではなく滅罪の寺を京都で歩けば、どこへ行っても篁の名に突き当たる。篁は嵯峨上皇の勅勘《ちょっかん》をこうむり隠岐へ流されたことがあったが、のち参議にのぼり、民衆から「野宰相」と親しまれた。篁はお手当てをすべてはたいて貧しい民衆を助けた。現今のたとえば銀行経営者などには篁の爪のあかなりと飲ませたい。珍皇寺は篁が起こし、地蔵菩薩を安置して民衆に開放した寺である。

空也上人像（六波羅蜜寺蔵）

珍皇寺をあとに少しくだれば六道の辻に出る。六道とは地獄・餓鬼・畜生・修羅・人間・天上の六界のこと。平安京が営まれてまだ日が浅かったころ、京都の庶民は鴨川を徒渉《としょう》して、親の死体を東山山腹（鳥辺野）に捨てに行った。六道の辻は人間界と他の五界、とりわけ地獄への分かれ道を意味したということになる。

篁の時代から一世紀くだって、市聖《いちひじり》の空也《くうや》が立ちあがった。六波羅蜜寺は空也の開創。最初の名を西光寺と称した。篁のように貧しい民衆を救おうとする志が篤かったからこそ、空也は珍皇寺に近い六道の辻のそば、民衆が死者の葬送に往来する土地に寺を起こしたのであろう。

市聖・空也

空也は『皇胤紹運録』によって仁明天皇皇子の常康親王の子とされているのだが、年齢関係が合わない。寺伝は醍醐天皇の皇子であったとする。醍醐天皇は男子二十名・女子十六名をもうけている。その男子の一名に「白髪童形」の落胤《らくいん》があった。諸文献からうかがう空也は早くから髪が白い。肖像も童顔である。父母について・出生地について空也は生涯一切を口にしなかったと伝わるが、この聖《ひじり》の出生の秘密を朝廷の人たちは知っていたようだ。

少年時から俗体で諸国を流浪し、二十一歳のころ尾張で出家したという。つねに阿弥陀如来の名号を称《とな》えながら、出家後も各地を遊行《ゆぎょう》、道をつくり、川に橋を架け、井戸を掘るなど、社会福利に挺身したらしい。

空也が京都に現われたのは、三十六歳の天慶《てんぎょう》元年（九三八）であった。市井に隠れて行乞《ぎょうこつ》をした。施されたものを病人・貧者に与えて歩いたから、民衆はその姿を目に焼きつけて「市聖《いちひじり》」とよんだのである。

天暦《てんりゃく》五年（九五一）京都では疫病が猖獗《しょうけつ》をきわめた。空也は梅干と茗荷《みょうが》を入れた茶を沸かし、青竹を蓮弁のように割った茶筅《ちゃせん》で攪拌したその茶を、罹病《りびょう》している人びとに飲ませて歩いた。車に茶を充たした樽《たる》を積んで洛中の小路を曳《ひ》きまわったのだが、車には、疫病消除を起請《きしょう》する空也自身が造顕した金色の十一面観音像をも奉安してあったのだと伝わる。

空也は早くから『大般若経《だいはんにゃきょう》』の浄写にも勤《いそ》しんでいた。「般若」とは万象にひそむ道理を見抜く深い智慧を意味する。仏教経典には般若部という部類がある。『大般若経』はそこに属する経典十六種の集成であり、巻数は六百巻におよぶ。空也が膨大な浄写の事業を完遂したのは、六十一歳の応和三年（九六三）であった。『本朝文粋《ほんちょうもんずい》』に、空也が催したこの写経供養に寄せている、三善道統という文章生《もんじょうしょう》の願文《がんもん》がみえる。西光寺の成立をうかがわせる重要な文なので、大意を伝えてみたい。

――空也は仏果を求めて人を先・我を後にし、他を利せしめ己れを忘れる情をもって情となす人である。あまねく大衆の救済をねがい、大衆に功徳をもたらすため、鴨川のほとりに近く仏殿を建て、六百名の高僧を請じ、釈尊が仏の般若を説かれた大会《だいえ》にならう供養会《え》をおこなう。

六波羅蜜寺本堂

今（八月二十二日）まさに、竜頭鷁首《りょうとうげきしゅ》の二船が鴨川の秋水に棹《さお》をさし、鼓笛の音は晴天にひびきわたった。いうまでもなく、説法のあと、夜に至って「万燈会《まんどうえ》」をおこない、菩薩戒を修し、ひたすら阿弥陀仏を念じて、極楽浄土への永帰を願ったのである――。

この空也が天禄三年（九七二）、七十歳で西光寺に没した。弟子の中信が遺沢《いたく》を継いで寺名を六波羅蜜寺と改めた。

「波羅蜜」とは、迷いの此岸《しがん》からさとりの彼岸《ひがん》へ到達することを意味し、通常はそのためにおこなう菩薩行を指している。六種の行、すなわち布施・持戒《じかい》・忍辱《にんにく》・精進《しょうじん》・禅定《ぜんじょう》・智慧（般若）の六波羅蜜を怠ってはならないとされていた。

人びとに恵みをほどこし、戒律を守り、忍耐をつづけ、極限まで努力し、完全に心を統一し、般若の境地である静観に達する。空也はこの行を果遂《かすい》したのだ。

中信が伽藍の造立につとめた六波羅蜜寺は方八町の境域を安堵《あんど》されていた。一世紀くだって、清盛の祖父平正盛が当時の堂塔を修営した。ついに平安末、汚濁塵世《おだくじんせい》となって、清盛の父忠盛は、僧房を軍勢の屯所《とんしょ》とした。さらに清盛・重盛の時代となり、六波羅の地名が定着、六波羅蜜寺は境域をけずられ、平家一門の邸宅が周辺にひしめいた。

現在の六波羅蜜寺も町家がひしめく巷《ちまた》に閉じこめられて狭隘《きょうあい》だが、空也開創の寺として、その名は赫々《かっかく》として大きい。

波羅蜜を説く『大般若経』を浄写した師の空也にならって、中信は波羅蜜を実践する決意のもとに寺名を改めたのであったろう。六波羅蜜のなかでは、智慧波羅蜜が般若波羅蜜ともよばれて、諸仏を生ずる母とされる。空也の生涯の行実をみるとき、まさにこの人こそ般若波羅蜜に到達した生身の菩薩であったかと、私はそんな感懐を深くする。

庶民の霊場

この霊場の街路に面した結界は石の玉垣である。本堂のたたずまいが他に例をみない。単層・寄棟造《よせむねづく》り・本瓦葺。その本堂が玉垣に迫って建っている。飾り窓を覗《のぞ》きこむように、街路上から、本堂のなかの様子をうかがえる。

寺地が狭いからとはいえ、なんと明けっぴろげな霊場であることか。

あるとき、商家のあるじとおぼしい前垂れがけの男性が深々とこうべを垂れていた。普段着に白い襟《えり》当てをした婆さんが線香をあげていた姿なども目に浮かぶ。

通りすがりに立ち寄ってゆく人が多いのだ。庶民の霊場。ここには京町衆の根づよい信仰も今なお息づいている。

現在の本堂は貞治二年(一三六三)の造立であるらしい。外面は朱塗りが鮮やかなのだが、堂内は古色蒼然。

もちろん、本尊とともにこの本堂も重文に指定されている。

桁行《けたゆき》七間・梁間《はりま》六間。側面と背面の一間が脇陣として取ってあるから、内陣は五間幅・三間、外陣は五間幅・二間。外陣より内陣が広い。その内陣の須弥壇上に三基の仏龕《ぶつがん》が並ぶ。

中央に本尊の十一面観世音菩薩立像。向かって左に薬師如来坐像。右に地蔵菩薩坐像。三体とも仏龕の扉の奥に隠れていらっしゃる。

秘仏の本尊が開帳されるのは辰年であったと記憶する。像高は二五九センチ、大きな木造漆箔像である。貞観《じょうがん》様式の素朴な肉質感をとどめる艶麗なお姿で、天暦五年の疫災時に空也が車に奉安して曳《ひ》きまわったのは、この尊像にちがいないと考えられている。

一念集中、目を閉じていられるお顔の表情がどこか痛々しい。この観音さまは空也とともに、死屍累々《ししるいるい》とした巷の惨状に悲しみをこらえてこられたのだ。開扉《かいひ》されている尊像を拝してそんなふうに思った記憶がよみがえる。

六波羅蜜寺は文化財に富む。木像彫刻のみでも重文指定をうけているもの十五体におよぶ。それら名宝が本堂背後の宝物殿に展覧されている。

秘仏に合掌。本堂の外廊をつたって宝物殿へむかう。

空也像・清盛像・鬘掛けの地蔵尊

三体の木彫像について記しておきたい。

空也上人像――。口から六体の小仏を出して「南無阿弥陀仏」の六音を発する、よく知られている像である。鎌倉彫刻の大成者運慶の子、康勝の作。

「市聖《いちひじり》」空也は、阿弥陀如来の名号を称《とな》えながら民衆のなかを歩いたから、「阿弥陀聖《ひじり》」ともよばれた。左手に鹿の角のついた杖をつき、右手に撞木《しゅもく》をにぎって胸にかけた鉦《しょう》をうちながら歩む姿。その阿弥陀聖の姿が表現されている。

平清盛像（六波羅蜜寺蔵）

平清盛坐像――。清盛は太政大臣にのぼった翌仁安三年（一一六八）、五十一歳で出家剃髪し、法名を浄海と名のった。そのころの姿であろうか。手にする経典から逸《そ》らせた眼の、瞋恚《しんに》をおびた光の妖《あや》しさに呪縛《じゅばく》される。

地蔵菩薩立像――。「山送りの地蔵」とも「鬘掛《かつらか》けの地蔵」ともよばれ、説話で知られる有名な地蔵尊である。

但馬《たじま》の国守をつとめた源国挙という人物が命終《みょうじゅう》して地獄へ落ちたのだが、地蔵菩薩のとりなしで蘇生する。国挙は大仏師の定朝《じょうちょう》に頼んで地蔵菩薩立像一体を造ってもらい、六波羅蜜寺で報恩の盛大な開眼供養をした。かつ、尊像をそのまま六波羅蜜寺に寄託した。

『熊野《ゆや》』の背景は平家全盛のころ。その『熊野』では清水寺へのみちゆきが、「河原おもてを過ぎ行けば、急ぐ心の程もなく、車大路や六波羅の、地蔵堂よとふし拝む」と謡《うた》われる。六波羅蜜寺の本堂には秘仏の十一面観音像と国挙寄託の地蔵菩薩立像が同座していたのにちがいない。私の察するところ、国挙の蘇生説話が知れわたり、本堂が地蔵堂ともよばれていたのであろう。

説話がいま一つある。

年ごろ六波羅の地蔵尊につねに参っている貧女があった。老母が死んで弔いを出せず泣いているところへ、一人の行脚僧《あんぎゃそう》が通りかかった。貧女は僧に子細を語る。僧は親切に老母の死体を樽に入れ、東山（鳥辺野）に背負って行って、弔いをしてくれた。貧女は思った。行脚僧に難儀を救ってもらえたのは六波羅の地蔵尊の霊験にちがいない。貧女はそこでお礼参りに行った。すると、地蔵尊の足が土まみれになっていた。死体の樽には母の鬘をも入れたのだったが、お地蔵さんはその鬘の毛の一部をも左手ににぎっていられた。

定朝は平等院鳳凰堂の本尊、天喜《てんぎ》元年（一〇五三）に造立された丈六阿弥陀如来坐像の作者。宝物館の地蔵立像は今も鬘の毛を左手にしていられる。確かに定朝の作なのであろう。じつに優しい、流麗なお姿をしていられる。お地蔵さんといえば、私の瞼にまず浮かんでくるのが、この立像である。

「万燈会《まんどうえ》」と「皇服茶《おうぶくちゃ》」について付言をしておこう。

空也は写経供養に万燈会をおこなったのであった。現在の六波羅蜜寺の万燈会は、盂蘭盆《うらぼん》の珍皇寺の精霊《しょうりょう》迎《むか》えに相応じて、八月八・九・十日の三日間、夜を徹しておこなわれている。

密教思想に、万物は地・水・火・風・空の五大要素から生成されており、「大」の字が五大の実相をあらわすという。そこで、土器盃に「大」の形に灯芯を入れ、五つの先端に火が点ぜられる。無数の盃のその灯火が秘仏本尊の仏龕を荘厳《しょうごん》する。夜の闇のなかに本堂そのものもしめやかに浮かび出る。

空也以来、六波羅蜜寺の万燈会は一千有余年絶えていないという。昔の京の庶民は万燈の明かりを目あてに精霊もおとずれると考えた。八月十六日の京の夜空を焦《こ》がす五山の送り火。あの「大」が精霊の帰ってゆく黄泉路《よみじ》を照らすという意味をもっている。送り火の「大」は万燈会の「大」を形どるところに生まれたのであろう。

「皇服茶」は疫災時に空也が罹病者に飲ませた茶そのものであるという。伝来のとおりに茶は煎じられ、青竹で攪拌される。この茶は正月の三が日、参拝者にふるまわれている。

第十八番・紫雲山 頂法寺［六角堂］
第十九番・霊麀山 行願寺［革堂］

●

聖徳太子・親鸞ゆかりの観音像

頂法寺《ちょうほうじ》は如意輪観世音菩薩坐像を本尊にいただき、古くから「六角堂《ろっかくどう》」の通称で親しまれてきている。

聖徳太子は小さな金銅仏を日ごろ肌身はなさず念持していた。それは明石海峡に面した淡路島の北端、岩屋の浜にうち寄せた唐櫃《からびつ》のなかから現われた如意輪観音像であったという。『日本書紀』にみる四天王寺の創建は推古天皇元年（五九三）。これより先、聖徳太子は四天王寺を建てる用材をもとめて京都盆地へやって来た。美しい池があったので、太子は所持する小尊像を池のほとりに立つ槲《かしわ》の木の洞《ほら》にもたせかけて水浴をした。水からあがって尊像を手にとろうとしたところ、像が重くて動かない。これは観音さまがこの地で衆生を済度《さいど》しようと意志されている証《あか》しではあるまいか。そう判断した太子は、池のほとり、つまり現在の地に六角の小堂を建て、尊像を安置したという。

聖徳太子は大陸と朝鮮半島から渡来した難民を救済して平等の市民権を与えた政治家であったから、その没後に太子信仰が沸騰している。

平安時代をとおして、とくに渡来者の子孫、太子の慈悲を讃仰《さんごう》する貧しい民衆が、京都では二つの寺院に集まった。一つは弥勒菩薩半跏《はんか》思惟《しい》像を今日に伝える太秦《うずまさ》の広隆寺《こうりゅうじ》。いま一つはこ六角堂頂法寺。六角堂はさらに親鸞《しんらん》が参籠《さんろう》した霊場としてその名を大きくした。

親鸞は、和讃《わさん》をのこしているのでも知られるように、この国土に大乗仏教が根づいたかげに聖徳太子の功績がいちばん大きいと見抜いた最初の思想家である。正治二年（一二〇〇）二十八歳の十二月の夜、親鸞は苛酷な修行に挫折し、比叡山の大乗院の自室に憔悴しきった身を横たえていた。その親鸞は夜の夢に六角堂の如意輪観音から励まされた。法隆寺夢殿の救世《くせ》観音が聖徳太子その人であるように、夢に姿をお見せになった六角堂の観音も太子の化身ではあるまいか。これは太子が見まもっていてくださるにちがいない。親鸞はそう考えた。

年が改まって二十九歳の正月早々から、六角堂へ親鸞は夜の参籠をはじめた。昼は大乗院の自室で眠っておく。夕闇が迫るころ、むっくり起きあがり、尾根を越えて険しい山路をくだってゆく。夜が明けてもどってくると、人目を避けて、ふたたび昏々と眠りにつく。

回峰行者《かいほうぎょうじゃ》の歩行は跳ねるがごとく速い。親鸞もおそらく通常に人びとがゆく三倍ぐらいの速さで山道を歩いただろう。それにしても往還に四時間ちかくを要したと思われる。親鸞は雪にも風雨にもひるまず、比叡山から六角堂に夜の参籠をするその往還をつづけた。

『梁塵秘抄《りょうじんひしょう》』が伝える今様《いまよう》が、「仏は常に在《いま》せども、現《うつつ》ならぬぞあはれなる、人の音せぬ暁《あかつき》に、仄《ほの》かに夢に見えたまふ」とうたっている。

四月六日（現行暦五月十六日）、親鸞は九十五日目の参籠中で、寅《とら》の刻（午前四時）であった。本尊如意輪観音像を照らした灯明の火がその夜もすでに絶えていた。観音の名号を念じつづける声がかすれ喉にからみつく。須弥壇《しゅみだん》上の天蓋《てんがい》がぼんやり輪郭をあらわしてきた薄明のなかで、親鸞は喉の痛みをふと忘れ、うとうとした。そのときであった。聖徳太子が端正な顔だちの僧形で、白衣《びゃくえ》のうえに白い袈裟を着し、白蓮の大輪の花に端坐して、親鸞の前に示現した。

純白の太子から親鸞はこのとき、一切の群生《ぐんじょう》を救済せよ、という偈文《げもん》を聞きとったという。そして、これを機に親鸞は一つの回心《えしん》をとげ、師と仰ぐことになる法然の門をたたき、念仏者の大道を歩み出している。

京都の臍石

開門は午前六時、閉門は午後五時。六角通りの高麗門《こうらいもん》を入って、正面に建つ六角重層の本堂へ歩をすすめる。
向拝屋根が大きい。その下、拝所に立って堂内をあおぎ、合掌する。あおぐというのは、堂内が奥へむかうほど階段状に高く、最奥の須弥壇が山の頂きのように感じられるのだ。頂きに秘仏本尊をおさめる仏龕《ぶつがん》が安置され、脇にお前立ちがいらっしゃる。

六角堂本堂

真昼どき、自然光のみにたよっている堂内は仄暗《ほのぐら》い。しかし、灯明がともるや、にわかに、堂内は輪郭を生彩にあらわす。私は冬の夕まぐれ、この世の光景とは思えない美しさをこの六角堂に感じたことがある。

瓔珞《ようらく》が金色のみごとな耀《かがや》きを発していた。仏龕もまたなんと荘厳に耀いていたことか。お前立ちは青岸渡寺《せいがんとじ》・三井寺《みいでら》と同様、像容は六臂《ろっぴ》。ロダンの考える人のように須弥壇上に思惟していられる。右の第一手を頰《ほほ》にあてた尊像が瞼によみがえる。

拝所には大きな香炉が据えてある。お参りする善男善女が多いから、線香のけむりが絶えない。これまたあるとき、私は香炉に線香を立てようとしたのだが、マッチが見あたらず、ちょっと戸惑った。――火箸《ひばし》で灰をお掻《か》きになってみてください。豆炭が埋まっていますから——。竹箒《たけぼうき》を手に清掃奉仕をする信者さんが声をかけてくださった。教わったとおりすると、飴玉《あめだま》ぐらいの大きさの、真赤に熾《おこ》っている豆炭が香炉の灰のなかから現われた。

本堂の右前に古柳が糸枝をしずらせている。かたわらの地に六角の一個の礎石、名高い「臍《へそ》石《いし》」をみる。

平安建都のみぎり、造営使たちが市街区画の地割りをした。南北に伸びる烏丸《からすま》小路が定まった。東西の六角小路を定める杭を打ちすすめるうち、烏丸小路から東へ入ったところで、道の中心が六角の小堂に突きあたってしまった。桓武天皇は勅使を派遣。「このところに住まんとおぼしめさば、南北いずれかに少し入りたまえかし」。勅使が起請《きしょう》をしたところ、中央の礎石だけを残して、小堂はおのずから北へ五丈（一五メートル）ばかり移動したと縁起にいう。

明治になって礎石は境内に移されたのだが、江戸時代の絵図では、高麗門の外、六角通りにそれが描かれている。歴史的に京都の市街は東へ発展をみせてきた。烏丸通りが中央大通りとなって以降、六角堂のあたりが市街の中心部にあたると京町衆は考えた。そこで、滑稽にも道の真ん中に頭を出していた礎石が京都の臍とみなされたのである。

周辺に高いビルが並び建って、現在のこの霊場は、ビルの谷間にとりこまれてしまったという風情。景観の推移を私は歎かずにいられなかったのだが、時が経つと不思議なものだ。本瓦で葺《ふ》かれた六角重層の屋根が棟頂に宝珠をいただいて中空を浄化し、仏堂そのものが巍々《ぎぎ》としてビルの壁を遠くへ撥ね返しているように見える。

六角本堂のまわりをめぐる。

東の築山に小さな仏堂。親鸞堂である。「草鞋《わらじ》の御影《みえい》」と「夢想の像」が安置されている。前者は左手に数珠、右手に錫杖《しゃくじょう》をもつ草鞋ばきの小立像である。比叡山と六角堂を往還した親鸞の姿を写したのであろう。後者は坐像。うつむきかげんに夢想する姿が写されている。

本堂の北東に太子堂。これまた瀟洒《しょうしゃ》な小堂で、童形の太子像が二体祀ってある。「和《やわら》ぐをもって貴《たっと》しとす」。聖徳太子は幼くしてすでに仏教にみちる和の精神を自己の信条とした皇子であった。四天王寺を創建した推古元年の太子の年齢は二十歳。念持していた小尊像の奇瑞をおもんみたとき、太子はこの地から紫雲が立ちのぼるのを見たとも伝わっていて、それが山号の由来とまでなっている。それやこれや、童形の太子像を拝する私は、六角小堂を建てようと発意した太子の年齢が未だ十代であったことにも気づかされるから、感懐を禁じえない。

池があって大白鳥が遊泳する。本堂の西へまわれば頬笑ましい一区画。ベレー帽をかぶせてもらった大小さまざまの石仏が並ぶ。

ビルの谷間の霊場だが、和やかな風が吹いている。

皮聖行円と京都の人々

行願寺《ぎょうがんじ》も「革堂《こうどう》」の通称で知られてきた。六角堂から革堂へは、歩いて二十分という距離である。

開創者は行円《ぎょうえん》。本尊は千手観世音菩薩立像。

行円は豊後国《ぶんご》（大分県）の猟師であったという。あるとき、一蹄《いってい》の雌鹿を射止めたところ、子をみごもっていた。雌鹿は瀕死の矢傷に耐えながら子を産み、祈るがごとく子鹿の全身を舐《な》め、悲しい鳴き声をあげて息絶えた。この経過を目のあたりにした行円は、殺生を業としてきた身を悔い、あの粉河寺《こかわでら》をおこした孔子古《くじこ》のように、菩提心にめざめたのだ。

私度僧となって行脚《あんぎゃ》に発った。比叡山にたどり着き、横川《よかわ》の僧堂で修行をしたが、卑賤の身で学歴もないから堂僧の域を出ない。皮衣をまとい、千手陀羅尼を唱えつつ行乞《ぎょうこつ》をして歩く聖《ひじり》が京都市中に現われた。皮衣は菩提を弔ってあの雌鹿の皮から作ったもの。観音聖《ひじり》行円の誕生である。

ある夜、行円にお告げがあった。賀茂の社《やしろ》の森に大きな槻《けやき》の木が倒れている。表面は苔むして朽ちているが樹芯は堅実。霊木である。神官に乞い、求めて観音の像を彫るとよい。夢枕に老僧が立って言ったという。

行円は賀茂のその槻の木をえた。仏師に現在の秘仏本尊、千手観音像を彫ってもらった。尊像を安置する仏堂をもおこしたい。

行円は一心不乱の勧進《かんじん》でこの造立事業を完遂したのだ。京都の庶民は、十字街頭に立って喜捨を乞う、皮衣を着た聖の悲壮ともいえる勧進の姿をつよく印象したのであろう。あの皮聖がとうとう観音堂をお建てになった。そこで「革堂」。行円さんというそうな。行円さんが遂に所願を達成したのであるから「行願寺」。二つの名は在俗の人たちによって呼びならわされ、定着したと考えられる。

革堂行願寺本堂

革堂の開創は寛弘元年（一〇〇四）であったと『日本紀略』その他に記録されている。山号「霊鹿山《れいゆうざん》」の、「鹿」は雌鹿を意味する。

その革堂は、寺地替えもされ、火災にも遭った。現本堂は文化十二年（一八一五）の再建。入母屋造り・本瓦葺、向拝《こうはい》部の屋根が千鳥破風《ちどりはふ》・唐破風《からはふ》の二段づくりをみせているのが珍しい。

本堂に合掌。さらに諸堂をも拝したあと、「加茂大明神」と彫られた石柱が添う、五輪石塔をみる。本尊として形を変えた槻の樹霊を明神とあおいで供養する塔である。塔高三メートル余。京

子守娘の両親が納めたお文観音

都市中でこんな大きい五輪塔は他に見あたらない。

行円が生涯をとおして身につけた皮衣が宝物庫に保存してある。

行円のこの皮衣をみるとき、六波羅蜜寺の空也像、鹿の角の杖をつくあの像を私は瞼によびおこす。

空也もまた鹿の皮衣を着て勧化《かんげ》をした聖であった。空也には鞍馬山で修行をした日々があったが、そのとき友とした一蹄《てい》の雄鹿が猟師に射られてしまった。悲しんだ空也は、その鹿皮と角を請いうけ、衣とし杖として、一生のあいだ手離さなかったのだという伝えがある。私の思うに、皮聖行円の勧進の姿に接した京都の庶民は、そこに語り草となっている空也の行実をも重ね合わせたのにちがいない。

宝物庫には、若い娘の幽霊の姿を描き、手鏡を貼りつけた、珍しい絵馬もある。

文化年間、革堂の現本堂が再建されて間もないころであったらしい。近くの質屋に奉公する子守娘が、主人の子供をおんぶして革堂へ遊びに来るうち、巡礼者の称える御詠歌をおぼえ、愛唱するようになった。これが法華信者の主人の癇《かん》にさわった。叱っても子守娘の口からつい御詠歌が出る。主人は折檻がこうじて子守娘を死なせてしまい、遺骸を土蔵の床下へ埋めたのだという。

行方が知れなくなったとの知らせに、両親が近江から駆けつけた。途方に暮れた両親は革堂の観音さまにとりすがった。革堂で通夜をする両親の前に娘の亡霊が現われ、一部始終を語る。亡霊は生前に愛用していた手鏡をおいてかき消える。両親が我に返ると手鏡だけがそばにあった。翌朝、両親は子細を奉行所に訴え出、遺骸が掘り起こされた。絵馬は娘の両親が奉納した観音さまへの報謝である。哀しく傷ましい伝えだと思う。

通りの名前の地口歌

京都旧市街の通りは碁盤の目。通りを北へむかうのを「上《あが》ル」、南へむかうのを「下《さが》ル」、東西へむかうのを「入《い》ル」という。

六角堂の所在地は六角通り烏丸東入ル。革堂は寺町通り竹屋町上ル。両霊場の間を歩く。

昭和戦前に生まれた京都っ子は、通りの名を読みこんだ地口歌《じぐちうた》をうたったが、覚えておくと便利であった。子供のころの私は母親の使い走りをするのに、地口歌で土地勘を養ったのを思い起こす。

丸《まる》　竹《たけ》　夷《えびす》　二《に》　押《おし》　御池《おいけ》　姉《あね》　三《さん》　六角《ろっかく》　蛸《たこ》　錦《にしき》

これは東西の通り「丸太町・竹屋町・夷川・二条・押小路・御池・姉小路・三条・六角・蛸薬師・錦小路」を、北から南へ順に数えた、懐かしい地口歌の一節である。

六角堂から革堂へは、六角通りを東へ、寺町通りを北へ竹屋町まで上がればよい。途中、寺町通り三条上ルに、小野篁《おののたかむら》が珍皇寺とともに創建した矢田寺が、地蔵堂だけを今日にとどめている。盂蘭盆《うらぼん》の精霊迎《しょうりょうむか》えに珍皇寺・六波羅蜜寺へ参った市民は、この地蔵堂の鐘を撞いて、冥土へ帰ってゆく精霊を送った。

六角通りは、ビルに挟まれて職住一体の町家をとどめている。店頭の京人形・京扇子・京菓子などを目に拾いながらゆくのが楽しい。私は夕まぐれの六角堂を心に深く感じたのだが、時刻を見計らい、順を逆に、革堂から六角堂へむかわれるのをお勧めしてみたい。

第二十番・西山 善峯寺

開山源算を助けた猪の奇瑞

京都の西山《にしやま》は、東山のように「布団着て寝たる姿や」とはよびがたい。東山に倍する高さの稜線が、小塩山《おしおやま》から南の釈迦岳へかけて、けわしい山容をもりあがらせている。

善峯寺《よしみねでら》は釈迦岳の山腹に広大な境域をもち、山号を西山《せいざん》という。

開山《かいさん》の源算《げんざん》は因幡《いなば》（鳥取県東部）の人で、不幸な生い立ちである。母親がつわりに苦しみ、出産したものの乳が出なかったため、不吉な児であると路傍に捨てられてしまった。赤児は牛馬にも踏まれず、鳥獣にも害されず、三日のあいだ泣きつづけた。これを奇特に思った人びとが抱きあげて育てたと、縁起は伝える。

源算は九歳で比叡山にのぼり、『往生要集』の著者として知られる源信に拾われた。剃髪受戒《ていはつじゅかい》が十三歳の長徳元年（九九五）であったという。

源信の『往生要集』完成は寛和元年（九八五）。それから十年を経る源算の受戒だが、おそらく源算は、横川《よかわ》の僧堂で源信の指導のもとに浄土観想にいそしむ研修生の仲間に加わったのであろう。

行歴から推して、源算には革堂《こうどう》をおこすことになる行円《ぎょうえん》と修行を共にする日々があったかもしれない。行円と同じく学歴もない卑賤の身で、僧侶としての地位がえられないところにいちどは絶望、還俗《げんぞく》したが、ふたたび比叡山にもどった。それは行円の行実を知り、行円のような金剛不《こんごうふ》壊《え》の信念を山の修行で培《つちか》いなおそうとしたからではなかったか。

比叡山頂に立てば、西南真正面に、京都市街をへだて、小塩山から釈迦岳に至る稜線を一眸《いちぼう》に見晴らせる。師源信の思想を継ぎ、この西南の連峰の彼方に浄土を観想していた源算だが、ついに、あの山に登って衆生を苦海から救う道場を建てようと思い立つ。

源算は四十五歳、釈迦岳に登って来た。

夜は石を枕に臥し、朝には渓谷の流れに嗽《うがい》し、木の実・木の芽だけを食べる、精修自適の生活をはじめた。ところがここは、石灰岩の崖がそびえる険阻な山である。激しい雷雨にみまわれると積んだ石垣は崩れ、樹木は倒れ、小堂を建てようと地固めしつつある平地が跡形もなくなってしまう。源算は途方に暮れた。

ある夜、源算の夢に異僧が言う。——憂えるなかれ、力を貸そう——。次の夜、源算は目を疑う光景を見たという。おびただしい猪《いのしし》が現われた。猪たちは岩をうがち、土を掘り、石をころがした。平地ができあがったのだ。

観音の大悲といってよいのではないか。自然界には念ずれば応えてくれる力がはたらく。その力がこのような奇瑞をもみせてくれる。

源算は平地に小堂を建てることができた。入山二年後、長元二年（一〇二九）であった。源算を慕う道俗もふえていった。その道俗たちを前に、源算は小堂で『法華経』の講義をはじめた。やがて、西山に清僧ありのうわさが都にまで知れわたった。

話は少し逸《そ》れるのだが、当時、東山に鷲尾寺という天台の末院があって、仁弘という僧が住持し、千手観音像を造立していた。注目するのは、仁弘念持《ねんじ》のその観音像が、行円が千手観音像を彫らせた賀茂の霊木、あの槻《けやき》の余材で彫られていることである。想像するところ、仁弘は行円と親しく、源算の兄弟子にもあたったと考えられる。

仁弘は日ごろ自分の死後に観音像が源算に付託されるよう願っていたらしい。

長久三年（一〇四二）、源算は六十歳で千手堂を建立している。仁弘没して遺言が後朱雀《ごすざく》天皇の叡聞に達したのであろう。勅命をうけた官吏たちが千手観音像を釈迦岳の源算のもとまで担ぎあげてきたからである。

観音霊場の発足であった。これを契機に皇室の勅願所ともなって、善峯寺は寺観を大きくしていった。

桂昌院の心の原風景

阪急電車の東向日《ひがしむこう》駅からバスで小塩《おしお》という集落へ。小塩から約三十分の山道をのぼる。自家用車・タクシーならば、山門のそば近くまで行き着ける。

山門は徳川五代将軍綱吉の母、桂昌院《けいしょういん》によって再建されている。優美な楼門で、運慶作の金剛力士像二体が立つ。像は最初の楼門を建てた源頼朝の寄進であるという。

石段をのぼって、正面の本堂にぬかずく。七間四面の観音堂である。これまた桂昌院による元禄五年(一六九二)の再建と伝わってきているが、近年の調査で、柱の一本から「文永五年(一二六八)」の墨筆文字が現われたそうである。

内陣中央の仏龕に、秘仏の本尊、仁弘造立の千手観世音菩薩立像がいらっしゃる。向かって右に十一面千手観音立像。こちらは源算自身の造立と伝わる。それが脇立ちにまわっていらっしゃるのだから、奥ゆかしく由々しいことだ。

向かって左にも聖観音立像。こちらは室町初期の造立で、像高一メートル余、繊細な痩身の像である。救いを求める衆人の声を聞き洩らすまい。ご本尊に伝えねばならないから。そういう気味に身を乗り出すように立っていられる。私はこの観音さまのお姿にも見とれてしまった。

秘仏本尊を眷属《けんぞく》である二十八部衆の像が守護している。二十八部衆は千手観音に帰依する衆生をも守ると経典は説く。さらに不動明王、毘沙門天《びしゃもんてん》の像もみえる。
内陣に入れてもらい諸像をつぶさに拝した在りし日の、去ろうにも去りがたかった充溢感が胸によみがえる。

遊龍の松（天然記念物）

境内地が約三万坪あって、山の高みにまで堂塔が立つ。順路沿いに幾つかの堂塔を拾っておこう。

まず護摩堂から多宝塔と経堂へ。多宝塔のそばに、全国に知られる天然記念物の五葉松「遊龍の松」がある。遊びたわむれる巨竜のように、松の緑が石垣の上を這っている。

開山堂を経て桂昌院廟へと向かう。

善峯寺は応仁の乱の兵火にかかっている。幾多の堂塔が焼け落ちたのだが、主だった堂塔を修復あるいは再建したのが桂昌院なのだ。

桂昌院は幼名をお玉といい、京都堀川の青果商の娘であった。野菜の仕入れにおもむく父親に連れられていつも西山山麓を歩き、善峯寺へもよくお参りした。五摂家の一つ二条家へ行儀見習いをかねた奉公をしたところから人生が急転回している。

二条家の姫が三代将軍家光へ嫁した。姫の侍女として江戸城へのぼったお玉は、大奥で秋野とよばれた。やがて家光の胤《たね》をうけ徳松を生む。徳松は館林に封じられて綱吉とよばれた。家光の没後、桂昌院を名のった秋野は、館林に一生をうずめるはずであった。ところが、四代家綱に男子がなく、綱吉が将軍として請ぜられたため、桂昌院も江戸城にもどって絶対的な地位をえた。

信仰心が篤かったのだろう。桂昌院は各地の寺院に施入をしているが、善峯寺へのそれが桁外れに大きい。江戸城大奥にあっても、心の原風景は京都西山であったのだ。

桂昌院廟には、石造方柱の、ほっそりした笠塔婆《かさとうば》が立っている。

堂塔をのせる石垣の台地が段状に一つ一つ高くなってゆく。石段をのぼって釈迦堂へ至る。釈迦堂は明治の建立。源算の自刻と伝わる石仏の本尊、釈迦如来坐像がまします。風化がすみ飛鳥仏ではないかと疑うほど古拙なお顔をしていられる。明治のはじめまで釈迦岳の山頂に坐って京の都を見守っていてくださったのだそうだ。

釈迦堂をあとに、奥の院にあたる薬師堂へ尾根を登ってゆく。

この坂道からの眺望が素晴らしい。竹藪・雑木林・山田が帯模様をえがき、段丘が野へ流れくだっている。マッチ箱を集めたような京都市街のひろがり。その彼方に比叡山が雄大に横たわり、遥かに比良《ひら》の山々まで稜線を覗《のぞ》かせている。

善峯寺は、鎌倉中期以降、法親王が相次いで入山、西山御所ともよばれた時期があった。薬師堂の背後に古い池苑が石組みをとどめている。尾根の頂上部だから意外に思うが、西山御所の雅《みや》びな庭のあとなのだ。順路はこの池苑をとおって阿弥陀堂へくだり、遊龍の松が這う台地へもどって来る。

秋明菊の物語

霊場中で善峯寺は屈指の花どころでもある。四季をとおして広大な境内にいろいろな花が咲く。ある年の五月初旬、私は山門を入ったかかりに樹冠をひろげる槙《まき》の枝に、黄の可愛い小花を見つけた。珍しや、それは槙の老樹にしか寄生しないというマキランの花であった。

春から夏へかけて花の主役は、ツツジ・ボタン・シャクヤク・サツキ・クチナシ・アジサイ・タカサゴユリなど。これらの花がおわって秋は、紅葉の季が迫るまで、秋明菊《しゅうめいぎく》の紅・白・紫の花が境内のいたるところを彩ってくれる。

私見を聞いていただこう。

秋明菊はアネモネ属の草本で、原産地は中国の山東・江蘇両省域。根茎から出る三出複葉が牡《ぼ》丹《たん》の葉そっくりなので、中国名を「秋牡丹」という。日本では、京都の洛北、貴船《きぶね》渓谷に自生して有名だったから、長く「貴船菊」とよばれていた。

室町末期から江戸初期へかけて、山東・江蘇に産する絹糸を求め、京都南郊の鳥羽《とば》の港から、多くの外洋船が淀川をくだって行った。原種の秋明菊は子房《しぼう》はあるが結実しない。匍匐茎《ほふくけい》をのばして繁殖する。そこでこの草本は、海のシルクロードに生活した人びとが根茎をもち帰ったところから自生したと私は考えるのだ。

貴船神社にはかつて木船が祀られていて、貴船神は航海を加護してくださる神でもあった。この草本が貴船菊とよばれたのは、海のシルクロードから無事に帰還した人たちが報謝のしるしに、神社の周辺に根茎を植えたからにちがいない。

もし水難に遭って大海を漂うことがあったとしても、観世音菩薩の名号を称《とな》えれば、たちどころに浅瀬へたどり着くことができるであろう――。『観音経』に諭してある。淀川をゆく船上から西山を遠望して、善峯寺の堂塔をそれと認めることができた。あそこに観音さまがいてくださる。淀川の往還に西山へ手を合わせた外洋航海者が多くあったにちがいない。貴船神社へと同じように善峯寺にも、観音さまにぬかずいて加護の御礼を述べ、この草本の根茎を植えた航海者があったのであろう。

秋明菊は石の塔とよく似合う。桂昌院の笠塔婆とひそひそ話を交わすがごとく咲いていた、薄紫の花の風情を忘れられない。

薬師堂背後の池苑にも花を見出せる。この草本は蕾はこうべを垂れ、花は天にむかって正開する。池に突き出た岩のくぼみに一重咲きの一株が茎立ちしていた。澄明な空を仰いで花柄を精いっぱい伸ばしている白い花がいじらしかった。

アネモネ属の草本は石灰を好むという。善峯寺背後の山中には、同じアネモネ属の一輪草と二輪草のみごとな群落もみられる。釈迦岳一円は石灰質の山相だから、秋明菊にも適した環境なのであろう。

末法到来の中で

善峯寺をあとにする私は、源算の隠棲所であった三鈷寺《さんこじ》へ立ち寄ってきた。場所は善峯寺釈迦堂の足下から北へわずか山腹をたどったところ。この小院に憩って山をくだる。

密教の修法者が煩悩をうちくだくために金剛杵《こんごうしょ》という法具を手に握る。両端の尖った形から、独鈷・三鈷・五鈷などの種類がある。三鈷寺という名は、この小院の背後の山容が三鈷形の金剛杵に似るところから起こっている。

末法の到来が永承七年（一〇五二）であった。源算が釈迦岳の山中で道俗を教化した年代は、この到来期に大いに重なる。人びとは末法の不安におののき、末法の時代を生き抜く知恵を必死に模索していた。師の源信が著わした『往生要集』をもとに、源算は穢土《えど》である現世に見切りをつけ、阿弥陀如来の浄土に往生する来世を期する、厭離穢土《えんりえど》・欣求浄土《ごんぐじょうど》を勧めたであろう。それとともに、天台思想の核心である『法華経』をも懸命に説いて、疲弊《ひへい》した人びとの心を安らわせようと努めたのだと思われる。その源算はまず、異僧の夢告があって山中に小堂を建てることができたのだが、「補処《ふしょ》の菩薩」に見まもられるという夢告をもえたとする伝えもある。

源算は一方で、後世にいう「木食上人《もくじきしょうにん》」のような生活をおくったらしい。木食とは五穀を断ち木の実・木の芽だけを食べて修行をすることをいう。しばしば断食行をもした様子だ。三鈷寺のところに往生院という小庵を建てて隠棲した源算だが、縁起によれば、木食という精進をも七十年来破ることなく、承徳三年（一〇九九）百十七歳で往生院に示寂している。

補処の菩薩の「補処」とは、万象の真理をさとって将来に如来となることを約束されている、菩薩としての最高の地位を意味する。観音さまは補処の菩薩でもある。しかし、それはそれとして、源算の菩薩行を補《おぎな》い助けるという意味で、夢告では「補処の菩薩」という語が聞こえたのではないだろうか。仁弘によってもたらされた観音立像が、まさしく、そのような補処の菩薩であったのだ。

第二十一番・菩提山 穴太寺 ［穴穂寺］
第二十二番・補陀洛山 総持寺

身代りになった観音さま

穴太寺《あのうでら》は田園のなかの霊場である。慶雲二年（七〇五）の開創と伝わっていて、最初の名は菩提寺であった。穴太は地名。応和二年（九六二）に本尊として聖《しょう》観世音菩薩立像が宇治宮成によってもたらされ、それ以来、穴太寺とよばれてきている。

地図をひらいて定規をあててみた。直線距離でここは善峯寺の西北ほぼ十一キロに位置する。往日の巡拝者は善峯寺から背後の山稜を越えて、亀岡盆地の穴太の里へおりたのであろう。

聖観音立像をいただいて菩提寺が観音霊場におもむきを変えた事情はよほど劇的であったらしい。だから、枝葉末節に異同がある説話が数篇も伝わる。それら説話をまず整理してみたい。観音霊場成立の来歴がみえてくる。

宇治宮成は丹波の国の、京都から近いこの地方（桑田郡）の郡長官であった。観音像の造立を宿願にしていた妻が病床に臥したので、宮成は妻の願いに折れ、仏工《ぶっこう》を捜そうと京都へおもむく。京都には、「観世音菩薩普門品」（観音経）を、観音さまの三十三身になぞらえ、毎日三十三回も称《とな》えている感世という仏工がいた。宮成はこの仏工にめぐり合い、妻の願いを聞き入れてもらう。三ヵ月ばかり経って、感世は彫りあげた聖観音像をみずから宮成の屋敷まで届けに来た。

宮成の妻が観音像を拝したならば、どんなに欣喜《きんき》したことか。金色にかがやく観音像に目をみはったのは、妻ではなく宮成。というのも、妻はすでに他界していたのだろうと私は思う。

黒毛の馬を謝礼にもらった感世が、その馬に乗って宮成の屋敷をあとにする。宮成は性悪な男であった。観音さまの美しさに感激し、思わず愛馬を引き出物として感世に与えてしまったのだが、感激が醒めると愛馬が惜しくなってきた。――大江山《おおえやま》に先回りして仏工を射殺し、馬を取りもどしてまいれ――。郎等に宮成は命じたという。

山陰道を京都へのぼる旅人が、丹波の国をあとに、はじめて京都盆地を眼下にする峠が大江山（老の坂）である。郎等は主人の命どおり首尾を果たしてもどってきた。厩《うまや》に愛馬がつながれるのを宮成は見た。

日が経って、宮成は京都へ様子をさぐる使者を送る。感世はなぜ帰らぬか、京都の工房から問い合わせがあってよいはず。それがないのを不審に思い、不安になったからであった。

使者は感世の工房をうかがって目を疑った。矢をうけて息絶え大江山の林に埋められたはずの当人が、元気に鑿《のみ》をふるっている。宮成の愛馬もまた庭の梅の木につながれている。感世から使者は話を聞き出す。大江山で盗賊に襲われたが危うく難を逃れたのだそうだ。使者は帰って、一部始終を宮成に報告した。

宮成は驚いて厩へ走る。さきほどまで飼い葉を食《は》んでいた愛馬の姿がどこにもない。きびすを返して、観音像を安置してある部屋へ走った。すると奇怪なことに、観音像は涙をうかべ、その胸に矢が刺さっていて、疵口《きずぐち》から赤い血が滴下していた。

宮成はその場で観音像の前に身を投げ出し、邪悪な考えをおこしたことを懺悔したという。さらに、観音像を穴太寺へ移安、みずからは髻《もとどり》を切って出家し、仏道に入ったという。

私は説話の全体から虚構と思えるところを消去したのだが、穴太の観音さまは、なおこのような来歴をみせていられる。おそらく、宮成を改悛させようとした人びとの誠心が観音さまに届き、そこに人知では計れない出来事が確かに起こったのではないだろうか。

穴太寺の多宝塔と庭園

穴太寺の見どころ

穴太寺はＪＲ山陰線の亀岡駅からバスが通じているが、タクシーでも十分ほどの距離である。山門のわきに大きな椋《むく》の木がそびえている。田園をゆく車窓に、目印のその椋の梢がみえてくる。本堂は五間四面・入母屋造り・本瓦葺。須弥壇上に三基の仏龕《ぶつがん》が並ぶ。中央の仏龕に秘仏の本尊がいらっしゃる。向かって左の仏龕にも秘仏の薬師如来像。右の仏龕だけが開扉《かいひ》されていて、ここにお前立ちを拝する。

聖観音像は一面二臂《ひ》であるから、観音さまほんらいの姿といってよい。均斉のとれた美しい姿のお前立ちである。宝冠に化仏《けぶつ》（阿弥陀仏）がみえる。聖観音像は宝冠にこの阿弥陀仏をいただく像容が多いように思う。

秘仏の本尊には確かに矢疵《やきず》のあとがあると聞くのだが、開扉は三十三年に一度。次回は平成二十五年になるそうである。

左右相対に柱に掛けて仏堂を荘厳《しょうごん》する細長い飾り板が聯《れん》。本堂内陣を画する左右の柱に、その聯をみる。板面に彫られている文字は、一方に「具一切功徳、慈眼視衆生」、他方に「福聚海無量、是故応頂礼」。第十六番・清水寺にもみた『観音経』の偈文《げもん》である。

いまいちど、この偈文の拙訳を示してみよう。

「観世音菩薩はよい結果をもたらす能力をすべてそなえ、やさしい眼でわたしたち衆生を見つめていてくださる。無限の大海にすべての川が流れこむように、そこには福が集まっている。だからこそ、わたしたちは観世音菩薩を頂礼《ちょうらい》しよう」

この本堂には鎌倉後期作の釈迦涅槃《ねはん》像も安置されている。諸病平癒の効験が昔から伝えられ、自分の患部に相応する像の部位を撫《な》でてゆく善男善女が現今もあとを絶たない。

書院と庭園の拝観をもお勧めしておきたいと思う。江戸中期に建った陣屋風の書院は、欄間《らんま》の彫刻がみごと。庭園は池と石組みが古拙なおもむきをとどめる。書院に坐していると、庭園の植え込みのむこうが田んぼなので、蛙の声が聞こえてきそうな気がする。なによりも、そういう風情にくつろぎをおぼえた私だ。

穴太寺本尊・聖観世音菩薩

行き帰りにみた路傍の光景も記憶によみがえる。初夏には草むらの彩りのなかに山百合の花がまざっていた。仲秋には、稲穂の垂れる田の畦に曼珠沙華が鮮紅の放列を敷いていた。

亀の恩返し

口丹波から北摂津へ。往日は巡拝者の多

くが、保津川・桂川・淀川を船でくだったのではないだろうか。

総持寺《そうじじ》の創建者は、藤原北家の傍流で民部省の長官をつとめ、仁和四年（八八八）に六十五歳で没した藤原山蔭《やまかげ》。茨木市の郊外、淀川扇状平野を望む高台に、この霊場は位置している。

穴太寺と同様に説話の類が多い。ここでもまず、それら類話を整理してみよう。

山蔭は郊労使《こうろうし》として北九州の太宰府へ赴任したことがある。当時、太宰府は外国とくに渤海《ぼっかい》からの来朝者を迎賓する日本の門戸であった。郊労使は迎賓にあたった長をいう。

家族をともなう赴任の途次《とじ》、船が玄界灘へさしかかった。幼児を抱いて小用をさせようと甲板に現われた山蔭の妻が、過って幼児を海に落としてしまう。この妻は幼児の継母。船は帆をあげて快走していた。継母は呆然となって急報が遅れたので、もはや手の施しようがない。

山蔭はそれでも小舟を出して、夜もすがら海上を探索させた。夜が明けてきた。遥かの海面に白いものが見える。郎等たちはカモメかと思った。白いものは少しずつ探索舟に近づいて来る。大きな海亀が甲羅の上に幼児を乗せて運んできたのだ。山蔭は生還した幼児を親船で抱きとった。

『尊卑分脈』にみるところ、山蔭には母親を同じくする六名の男子があり、七番目の末の男子だけ母親がちがう。そして、「如無」という名のこの末っ子に「入海乗亀兒也」と注記が添う。幼児は長じて興福寺の僧となったが、いちどは海に失った子であるから、山蔭は「無きが如し」という僧名をつけたらしい。

幼児の生還に安堵した山蔭は、にわかに疲れが出て、船中にまどろんだ。夢に海亀が現われた。――いつぞや淀川の河口であなたに助けられた亀です。若君に危険が迫っていると感じたので、ずっと船のあとを追っていたのです――。海亀は言ったという。

山蔭は思い起こす。数年前、住吉神社へ参拝する途次の船上であった。淀川河口で擦《す》れちがった漁師の舟に海亀が捕らえられていた。その海亀と目が合って可哀相に思った。漁師から海亀を買い取って大阪湾に放ってやったのだ。

「彼の亀、恩を報ぜむとせしのみにあらず。人の命を助け、夢見せなどしけむは、いと只者にはあらず。仏菩薩の化身などにてありけるにや」。『今昔物語集』の説話にみる山蔭の感懐である。山蔭はここに、太宰府から帰京後、総持寺をおこすに至る菩提心にめざめたようだ。

本尊脇士は春日明神と天照大神

阪急電鉄京都線の総持寺駅から、新開地を縫うゆるやかな坂道を北へたどる。五分ほど歩けば家並みが切れる。前方の高みに総持寺の石段と仁王門がみえてくる。

本堂は五面四面・入母屋造り・本瓦葺。穴太寺本堂と同様の造り構えなのだが、こちらのほうが小ぢんまりしていて、向拝《こうはい》をもつところが異なる。

本堂正面左右に、黒松が各一本、樹冠をひろげている。本堂は慶長八年（一六〇三）の再建と考えられる。松は本堂を荘厳して相当な年月を経てきたのであろう。私はお参りをするに先立って、二松の清爽な姿にみとれてしまう。

本尊は千手十一面観世音菩薩立像。この本尊が大きな亀の背に乗っていられる。台座が亀の彫刻なのだ。なるほどと頷《うなず》いてくださるだろう。脇士《きょうじ》像が本尊の足下にお立ちになっている。向かって右に春日明神、左に天照大神。春日明神はいうまでもなく藤原氏の祖先神、奈良春日大社の主神である天児屋根命《あまのこやねのみこと》の応現である。

この霊場にはかつて、延喜十二年（九一二）に鋳造された梵《ぼん》鐘《しょう》があった。『朝野群載』に収採されているその梵鐘の銘文によれば、もともと観音の大悲の像を造立しようと発起したのは、山蔭の父高房であったという。宿願を果たしえず高房が没してのち、山蔭は太宰府にあったとき、父の遺志を継ぐ決心をした。山蔭は唐に帰る商人に頼んで白檀の香木を大陸から取り寄せ、京都へ還任してから、その香木で千手観音立像を仏工に彫らせたという。

総持寺仁王門

北摂のこの地は山蔭の家系の荘園であったのだろう。山蔭は先に記したように仁和四年に没している。一族の氏寺である総持寺は山蔭の生存中にまだ落成をみていなかったようだ。山蔭の死後二年目の祥月命日、寛平《かんぴょう》二年（八九〇）二月四日に、山蔭の二男公利によって、父の遺願像である千手観音立像が、京都からこの地の観音堂へ移安されたのである。

説話の力があって穴太寺も総持寺も民衆に開放された。観音霊場巡拝が盛行をみて、第二十二番札所となった総持寺の本尊名は千手十一面観音。しかし、梵鐘銘文では千手観音。山蔭は海亀の奇瑞、霊応の因《よ》るところを観音信仰の淵源までさかのぼって考えたのであろう。神仏習合の思想で、天照大神は十一面観音。春日明神すなわち天児屋根命は、天《あま》の岩屋戸《いわやと》の神話で天照大神の従者。そして、天照大神の母である伊弉那美尊《いざなみのみこと》が千手観音。脇士二体の像の配置から、本尊をやはり千手観音とみるほうが妥当ではなかろうかと思う。

総持寺本尊・千手観世音菩薩

この霊場には本堂の他に、山蔭堂（開山堂）・薬師堂・閻魔堂・大師堂・地蔵堂・鐘楼などがみられる。ここは織田信長による畿内統一の争乱で兵火に焼かれた。本堂と山蔭堂のみはいちはやく再建されたが、他の諸堂は復興が遅れた様子だ。境内を見わたして、そんな印象を受ける。小さい仏堂が散らばって、思いおもいに好みの場所を占めたかのごとく建っている。信徒の語らいと喜捨で、仏堂の一つ一つが甦っていったのではないだろうか。

山蔭堂は草庵を思わせる風変りな建物である。軒端に「日本庖丁堂・元祖・山蔭中納言」と銘うつ扁額《へんがく》があがっている。山蔭は生間流《いかまりゅう》・四条流など庖丁道の元祖。命終《みょうじゅう》直前の仁和三年、宇多天皇の登極にあたり、民部卿として宮中の庖丁式を定めたと伝わるから、この行実までが風変りだ。草庵風の建物であるから山蔭堂は床が低い。朽ちた濡れ縁に腰をおろし、一服させてもらったことがある。境内いちめんに黒い砂利が敷かれている。阪急電車の駆動音がときおり聞こえる以外、静かだった。小雀がたくさん砂利をつついて遊んでいた。

昭和戦前のこと。生け花を教える母が日曜日に大阪へ出稽古をしていた。小学生の私は、母に随いて阪急電車に乗り、車窓にかじりついて沿線の風景を楽しんだ。総持寺駅のあたりは、霊場と反対がわの沿線に建物がなく、遥か彼方の淀川の堤防まで、田んぼと蓮畑・慈姑《くわい》畑がひろがっていた。

そういう記憶の風景を瞼によびもどしたのも、山蔭堂の濡れ縁に憩《いこ》ったときである。この高台の地からは淀川の河口がよく見えたのではないだろうか。その遠方には、一望千里といったおもむきで、日本の補陀洛山、観音の故地である熊野までを見晴るかせる思いが山蔭にはしたのではないだろうか。

第二十三番・応頂山 勝尾寺

聖の住所

後白河法皇が平安時代の庶民たちのうたった歌謡を採集、『梁塵秘抄《りょうじんひしょう》』を編んでいる。そこには、こんな仏教歌謡もみられる。

聖《ひじり》の住所は何処《どこ》どこぞ、大峰《おおみね》・葛城《かつらぎ》・石《いし》の槌《つち》、
箕面《みのう》よ勝尾《かちう》よ、播磨《はりま》の書写《そさ》の山、南は熊野の那智新宮

この歌詞が「聖」とよんでいるのは、山林にこもって心身の浄化をめざした修行者たちである。そのほとんどが「施無畏者《せむいしゃ》」である観音の霊妙自在な力にあずかって、「無畏者」となろうとした人たちであっただろう。

大峰は吉野から熊野に至る連峰。葛城は大和・河内の国境から紀伊・和泉の国境に至る山系。大峰には第十四番園城寺《おんじょうじ》で、葛城には第三番粉河寺《こかわでら》で言及したのであった。石の槌は四国第一

の高峰である石鎚山《いしづちさん》。箕面《みのお》は勝尾寺《かつおうじ》の南西約四キロ、同じ箕面山系の霊場である滝安寺《ろうあんじ》を指している。書写《しょしゃ》の山は第二十七番圓教寺《えんぎょうじ》で、いずれ巡拝をすることになる。

歌詞からも察せられるように、勝尾寺も平安時代をとおして、山林修行を志す人たちが陸続と入山した屈指の道場の一つであったのだ。

勝尾寺の所在地は、総持寺から北々西約十二キロ。ここは高い山ではないが奥山である。箕面ドライブウェイが通じている。私は友人の運転してくれる車で、名神高速の茨木インターを出、西国街道（国道一七一号）の道祖本《さいのもと》からドライブウェイに入るルートをとってきた。阪急電鉄の箕面駅から、滝安寺を経て、紅葉で名高い箕面渓谷をさかのぼるルートもあるが、未だ大型車の通行は無理なのだろうと思う。バス・ツアーなどは、私同様に道祖本からのルートをとっているようだ。

聖たちの行状

和銅元年（七〇八）というから、平城京の造営が始まった年である。摂津難波《なにわ》の一官吏の家に双生の男児が生まれた。名を善仲《ぜんちゅう》・善算という。九歳から共に四天王寺で仏教を学び十七歳で出家した二人は、山林修行にあこがれた。四天王寺の師のもとから逃亡、勝尾山中に草庵を結んだのは、二十歳の春であったという。

善仲・善算は苔の床に坐禅し、五智《ごち》をきわめようと修行をつづけた。

奈良仏教は、人間は煩悩を断ち切ったとき、心の深奥に仏となりうる種子を内包していることに気づかされると説いていた。「智」とはその種子そのものであると言ってよいかと思う。万象を鏡のように映しとる能力を鏡智、他者と自己とは常に平等であると認識するところに慈悲をもよおす能力を平等智、万象を自在に観察する能力を観智、他者を利するために行動する能力を作《さ》事智《じち》という。さらに右の四智を保って失わない不動の境地を法界体性智《ほっかいたいしょうち》という。以上が「五智」であり、五智をきわめたところに仏の境地がひらけてくる。

善仲・善算は人跡のない勝尾山中で、即身成仏をめざし、想像を絶する難行をつづけたのであろう。

三十八年が経過した。天平神護元年（七六五）であったという。すでに神仙のごとき二人は、山中の石の上に坐す中年の男を見出した。これが開成皇子《かいじょう》であった。

第十番三室戸寺で言及したのだが、光仁天皇の登極が六十三歳。開成は、未だ十六歳の少年であった光仁を父に、身分のない女性を母に生まれている。開成はつまり桓武天皇の異母兄である。平城京は内乱つづきで権謀がうずまいていた。汚濁《おだく》の世を捨てようと開成は放浪の旅に出、勝尾山中にいわば迷いこんだのだ。

善仲・善算がたずねる。――いつからここへ。何を食していられるか――。開成は答える。

――二羽の烏がものをはこんで石の上に置いてくれます。それを口にして露命をつないでいます――。善仲・善算は五十八歳、開成は四十二歳。語り合うこと暫時、その場で開成は神仙のような二師から仏戒をさずかって僧となった。

六波羅蜜寺でみたように、空也はのちに、『大般若経』六百巻を浄写した。空也に先立って、じつは善仲・善算が同じ事業に取り組んでいたのだ。しかし宿願なかば、善仲は景雲二年（七六八）に六十一歳で入寂、善算も翌年に入寂、開成皇子は二師の素志を継いで、宝亀三年（七七二）に浄写を達成している。

特定の写経をおこなう道場として建てられている仏堂を如法堂《にょほうどう》という。光仁天皇が登極したのは宝亀元年（七七〇）である。光仁は皇位に登るや直ちに使者を派し、開成のために勝尾山中に如法堂を建てたらしい。開成はその仏堂で『大般若経』の浄写にいそしんだのであろう。

開成皇子の入寂は天応元年（七八一）五十八歳。『元亨釈書《げんこうしゃくしょ》』その他が勝尾寺の開山として善仲・善算・開成三名の所伝を載せるが、そこには一致して「早証本有之五智」という措辞がみえる。人間がほんらい有している五智を早くきわめて悟りの境地に達したい。山にこもって下界へおりない理由を人から問われたとき、開成はつねに「早証本有之五智」としか答えなかった。ここにも二師が歩んだみちをこの皇子が忠実に継承したのだということが分かる。

ところで、平安時代に入り、すでに堂塔が整っていた勝尾寺では、証如という聖が第四世座主《ざす》をつとめたことがある。後述するところと関連するので、天応元年（七八一）の生まれであったというこの聖にも言及しておきたい。

住山すること五十年、八月十五日の夜であった。証如は草庵の外でする人の声を聞いた。――播磨（兵庫県）賀古郡駅北の沙弥《しゃみ》で教信《きょうしん》といいます。只今、極楽に往生したところです。来年の今月今夜、聖衆《しょうじゅ》とともに上人をお迎えにまいりましょう――。沙弥とは、剃髪して僧形にありながら妻帯、世俗の生活をしている男。翌日、証如は念のため弟子を送って、告知の土地を当たらせることにした。

賀古の駅北に粗末な家があった。庭に横たわる屍体を群犬がつついている。屋内から女と童児の泣き声がした。弟子がわけを問う。――死人は日ごろ阿弥陀さまを念じつづけた敬虔な夫です。名を教信といいます。貧しくて弔《とむら》いをしてやれないのが悲しいのです――。女は答えたという。

翌貞観八年（八六六）八月十五日。八十六歳の証如は沐浴をして草庵にとじこもった。夜、薫香がただよい、草庵が金色にかがやいた。翌朝、弟子たちが戸をあける。証如は端坐して手を定《じょう》印《いん》に結び、入寂していた。

一ヵ月は山にあって練行をする。一ヵ月は里におりて衆人を導く。証如はそういう生活をくりかえしたようである。練行の期間、一旬に二回、つまり一ヵ月に計六回しか食を摂《と》らなかったと伝わる。飲水絶食の世界記録は三八二日。食事を少しずつ減らしていって絶食に入るとき、健康な人間であるかぎり飲水のみで一ヵ月は生きられると聞く。証如のような例は珍しくなかったのかもしれない。

勝尾寺はこのような聖を輩出した山林修行の道場であった。

観音さまの縁日

老木の生い茂る幽山を想像していたので、私は初参をしたとき、この霊場の意外な明るさに戸惑いをおぼえた。

山門をくぐって境内へ。目の前に大きな池が現われ、池の周囲、谷間にひらけた台地がいちめん花畑になっている。色とりどりの山野草が石畳のふちにまで咲きあふれ、今日の勝尾寺は第一にわたしたちの目を和ませる花の寺なのだ。

山腹に点々とする堂塔を見あげる。山腹は谷へ南面しているので、堂塔はほとんど南へ向いている。本堂を中心に西には大師堂・開山堂・薬師堂など。東には不動堂・多宝塔、そして二階堂など。観光をかねた参拝をする人たちへの整飾の配慮もあって、堂塔が隠れないよう、ほどよく樹冠の剪定などがなされているのであろう。谷間の花畑から堂塔の一つ一つがよく見える。

石畳となり階段となって、参道が本堂へのぼっている。初参をしたのは平成九年五月二十七日であった。シャクナゲ・ツツジ・タニウツギなど、花木の林を縫って参道をのぼった。

本堂に合掌する。本尊は十一面千手観世音菩薩立像。この霊場も兵火に遭っている。現本堂は豊臣秀頼の寄進で再建されており、本尊もその再建時に製作された像であるらしい。焼失したのであろう旧本尊に思いをめぐらせてみる。

勝尾寺

宝亀十一年（七八〇）といえば、開成皇子入寂の前年である。この年、七月五日、一人の聖がどこからともなく開成の前に姿を現わした。妙観と名のった聖は言ったようである。——あなたは今お建てになりつつある講堂に、どのような本尊をいただくか迷っていられる。観音さまをいただきなさい。ここは多くの聖が修行をする道場となって栄えてゆくでしょう。聖たちの日々の精進に障りが生じないよう、守ってくださるのが観音さまです——。開成は本尊造立のために用意していた白檀木を妙観に托した。千手観音像が彫りあがり、やがて講堂も落慶をみて、開成皇子は安らかに入寂をむかえた。

神仏がわたしたちと特別に縁を結んでくださるという日を設けて「縁日」としてきた習俗がある。観音さまの縁日は十八日である。

俗信かもしれないが、妙観は十八名の仏工を引き連れて開成の前にふたたび現われ、千手観音像を刻ませたのだと伝わる。彫刻着手の日が七月十八日であったという。彫像が完成して妙観と仏工たちが忽然と姿を消したのが八月十八日であったという。

妙観とは、その名からして観音さまの応身《おうじん》そのものであったにちがいない。霊場巡拝が成立した当初、人びとはすでにそう考えていたようだ。

たとえば第五番葛井寺《ふじいでら》の本尊が毎月十八日に特別開帳されている。このように、縁日の習俗はいまなお根づよい。一説では、勝尾寺の本尊が造立された由来から、観音さまの十八日は定まったのだそうである。

本堂をあとに、大師堂・開山堂・薬師堂などをめぐる。

開山堂には善仲・善算・開成皇子の像が安置されている。開成は日ごろ自ら刻んだ薬師如来像を念持していた。開成が入寂したとき、薬師像の目から涙があふれたと所伝はいう。その像が秘仏として薬師堂には現在も奉安されているらしい。

薬師堂の裏から山みちをとると、最勝峰とよばれている勝尾山稜の一つの頂きに達する。善仲・善算が『大般若経』の浄写を発願した日、黒雲がにわかに湧きあがり、この頂きに落雷があった。二師は落雷を天の啓示と感じ、最勝峰を『大般若経』を納める地と定めたという。開成はもちろん二師の素志を継ぎ、ここに般若台を築いて六角の小堂を設け、浄写した経典六百巻を扉の内に納めた。初参をしたとき私は最勝峰まで登った。「応頂山《おうちょうざん》」という山号は右の伝えに由来するが、勝尾寺もこの頂きに立てば見晴らしがよい。前山の稜線越しに遥か京都の一部まで望むことができる。般若台は石積みがくずれ、六角堂は朽ちて形骸をとどめるのみであったが、私は般若台の一段下の地に、熊谷直実《くまがいなおざね》を供養する石造五輪塔を見出した。

法然が暮らした勝尾寺二階堂

直実の右の五輪塔に関連して、二階堂にふれ、法然の事跡をも慕っておきたいと思う。先に谷間の花畑から見あげたように、二階堂は本堂の東、勝尾山腹にやや離れて建っている。まず言っておきたいのは、ここが教信という沙弥の告知どおり八月十五日夜に定印《じょういん》を結んで入寂した証如の草庵跡だということである。本堂の建つ台地からすれば一つ上の台地に位置する仏堂なので、二階堂という名があてられたのかもしれない。

浄土宗を開教した法然は、晩年、法難に遭い、四国の讃岐へ流された。有識者たちによる救済運動が実って、京都の土を踏まないことを条件に、畿内にもどってよいという認可が法然におりたのは、承元元年（一二〇七）十二月八日。有識者たちは、証如の事跡でもあるので二階堂の地に庵室を建て、老いた法然を迎えた。

法然は建暦《けんりゃく》元年（一二一一）十一月十七日に京都へ帰ることを許され、翌年一月二十五日に、東山大谷の地で八十歳で入寂している。これを言いかえれば、死のほぼ二ヵ月前まで、四年間を法然は勝尾寺の二階堂に暮らしたのである。

現在の二階堂は、桁行《けたゆき》三間・梁行《はりゆき》三間、大きな向拝をもつ仏堂。私が初参をしたときは、「二階堂」の扁額があがる長押《なげし》の下、向拝正面の四枚格子《こうし》が堅く施錠してあって、入堂できなかった。法然は唐の善導《ぜんどう》を師と仰いでいる。識者はご存じのように、現二階堂内陣の本尊は、善導と法然ふたりの影像を映す二枚のくすんだ板である。

二階堂の庵室で、法然のある夜の念仏三昧に善導が示現したのだと縁起はいう。庵室内がにわかに煌々とかがやき、その金色のかがやきが消えたとき、対面する善導と法然の人影《じんえい》が、庵室の左右それぞれの脇板に写し出されていたのだと伝わる。

私は平成十二年十月二十七日、特別の許しをえて、脇板本尊を拝することができた。そのときの感激を忘れることができない。

さて、熊谷直実は法然の仏弟子である。一ノ谷の合戦で、『平家物語』で知られるように、直実は若冠十六歳の平敦盛《たいらのあつもり》を討ち取った。それが入信にいたる動機の一つであった。

直実は二階堂の庵室で法然が暮らしはじめて数ヵ月後、承元二年九月十四日に、京都東山の新黒谷で大往生している。大往生というのは、命終《みょうじゅう》する日を早くに予告し、まさしく予告したとおりの入寂であったからである。

私は五輪塔を造立した人物を、直実と同じく法然に帰依していた宇都宮頼綱であろうと思う。

——お師匠さまがお寂しくないように、蓮生（直実）殿の供養塔をそれがしが建てて進ぜましょう。

——忝《かたじ》けない。できれば最勝峰に建ててくださらぬか。あそこは見晴らしもよいから。足腰が萎《な》えないように、山を登って、都を遠望しながら蓮生と語り合うのを日課としましょうぞ。

——それがしもお願いが一つあります。それがしも剃髪の身。法名《ほうみょう》を頂戴したいのです。直実殿は蓮生《れんせい》の名をいただかれた。それがしは蓮生《れんしょう》を名のるわけにはまいりませぬか。

——よろしかろうとも。

法然・頼綱のあいだに、右のような会話が交わされたのではないだろうか。

頼綱はのちに比叡山僧徒による破却から法然の墳墓を守ることになるが、その法名もまた蓮生であるのは、直実にたいする共感が頼綱にはつよかったからにちがいない。

またの機会があるだろうか。直実の五輪塔は花崗岩が風化して、水輪がやわらかな丸みを、火輪が穏やかな反りをみせている。いまいちど、あの五輪塔のそばに私も立って京都を望み、法然上人をも偲んでみたい。

第二十四番・紫雲山 中山寺［中山観音］●

聖徳太子の祈り

本堂へのぼる石段に沿ってエスカレーターが動いている。必ずしも年老いた参拝者をいたわる設置ではない。中山寺《なかやまでら》は安産祈願の霊場として抜きんでて名高く、妊産婦のお参りが多いからである。

歴史時代のあけぼのへ視点をまず当ててみたい。

人皇十四代仲哀《ちゅうあい》天皇の正妃が神功《じんぐう》皇后である。仲哀は神功の先に妃としていた大中姫《おおなかつひめ》とのあいだに、香坂《かごさか》・忍熊《おしくま》の二皇子をもうけていた。

新羅《しらぎ》征討のみぎり、仲哀が二月に筑紫で崩じたが、神功は軍船をみずから指揮して海をわたった。そして、新羅をいちはやく帰順させて十二月に帰国、筑紫で皇子（十五代応神天皇）を出産した。これを知って、『日本書紀』によれば、香坂・忍熊の二皇子が言ったという。——皇后が子を生んだ。皇后は群臣とはかって幼い皇子を天皇に立てるであろう。われらは兄ぞ。幼い弟に従わねばならぬ道理などない――。二皇子は大和へ帰還する神功を屠《ほふ》ろうと目論《もくろ》んで、摂津に軍をおこして待ち構えた。

神功皇后の行実のかげには、つねに武内宿祢《たけしうちのすくね》がつき添っている。記紀でこの人物は、景行・成務・仲哀・神功・応神・仁徳の六朝に出現し、年齢が三百歳にも達してしまう。宿弥とは古代の有力豪族に与えられていた尊称。武内氏は南近江・南山城を勢力圏としていた豪族で、じつのところは、その代々の首長が武内宿祢とよばれたのであろうと思う。

摂津の戦いで二皇子の軍は武内軍に敗れる。香坂皇子は戦死。忍熊皇子は山城に逃れて軍を立て直し、宇治川を挟んで武内軍と戦ったが、ふたたび敗れて戦死する。

二皇子の母、大中姫が北摂津を領していたらしい大江氏の出身である。大中姫はすでになく、現在の中山寺の地にその陵墓があった。忍熊の屍《しかばね》は摂津へはこばれ、大中姫の陵墓の近くに葬られた。

時は移って、推古天皇元年（五九三）、聖徳太子は四天王寺の建立に着手した。中山寺の位置は四天王寺の西北二十二キロにあたる。忍熊皇子の亡魂《ぼうこん》が祟《たた》るといううわさが、難波《なにわ》の四天王寺建設の地にまで浸透していたようだ。

推古女帝の摂政となった聖徳太子は、大乗仏教をこの国土に定着させようとした、仏教にみる

「和」の思想で国家を経営しようとした、最初の政治家である。

その太子のもとには、折から海を渡って送られてきた仏像の数々が集められていた。第十八番頂法寺で、所伝どおり「岩屋の浜にうち寄せた唐櫃《からびつ》のなかから現われた」と記しておいた小金銅の如意輪観音像も、その種の一体であっただろう。同じように、請来像の一体に、美しい女人を連想させる十一面観音像があった。――大中姫の神霊よ、この観音さまに帰順してほしい。あなたは忍熊皇子の母であるから、観音さまの慈悲をもって、皇子の怨霊《おんりょう》を鎮《しず》め、摂津の民を休めてほしい――。太子はおそらく、このように祈って、大中姫の陵墓のかたわらに観音堂をおこし、女人風の十一面観音像を奉安したのである。

このあたりは摂北山地からくだる支脈のふもと。山容が金剛杵《こんごうしょ》の三鈷《さんこ》形をみせ、中央の稜線が中山とよばれていて、その稜線のふもとに伽藍が発展したので、山名がそのまま寺名となったと縁起はいう。そうであろうか。私はむしろ、大中姫の陵墓をもつ土地であるから、中山が山名となり寺名ともなったのではないかと、そういう印象を捨てきれないでいる。

安産祈願の仏さま

聖観音像は左手を上げて蓮の花をもち、右手を下げて与願印《よがんいん》をみせていられる像形が多い。千手形ではない十一面観音像は、右手を下げ、左手を上げて香瓶をもっていられる像形が多い。香瓶にはたいがい蓮の花が挿さっている。

中山寺の本尊は十一面観世音菩薩立像。千手形ではないから左手を上げていられるが、持ち物はなく、掌をみせていられる。そして、右手は下げていられる。

第七番龍蓋寺《りゅうがいじ》などで、仏菩薩の印相の一つ、与願施無畏印《よがんせむいいん》にふれてきた。左手を下げた形が与願印、右手を上げた形が施無畏印である。

つまり中山寺の本尊は、一般の仏像とは正反対に、与願すなわち衆生の願いを聞きとどけようという内証を右手で示し、施無畏すなわち畏怖の心を取り除いてあげようという意志を左手で示していられることになる。しかも、生身の女性のようなお顔立ちなのだ。

中山寺本尊・十一面観世音菩薩

『観音経』の説くところだが、観世音菩薩は、その三十三身の一つに、婦女の前には「即現婦女身」すなわち婦女の姿で示現されることがある。さらに、婦女がもしも男児を欲するならば福徳にも知恵にもめぐまれた男児を、女児を欲するならば見目うるわしい女児を、それぞれ願いを聞きとどけて授けてあげようと約束してくださっている。

このようなところに、生身の女性のようなお顔立ちの本尊であるからこそ、とりわけて安産祈願の信仰が芽生えたのであろう。

この霊場は、寿永の乱（一ノ谷合戦前後）にも、おそらく南北朝の争乱にも、そして近世の争乱にも被災した。現本堂は五間四面の寄せ棟造り、正面に「救世閣《くせかく》」の扁額があがる。慶長八年（一六〇三）片桐且元に普請奉行を命じた秀頼による再建である。

須弥壇上に大きな三基の仏龕《ぶつがん》が並ぶ。さらに、押板《おしいた》とよぶのが正しいが、向かって左の脇壇に愛染明王《あいぜんみょうおう》像が、右の脇壇に聖観音立像が安置されている。

愛染明王は、夫婦の仲が円満であるように、葛藤が生じないようにと導くことを使命とする尊体。安産祈願の信仰が育つにつれて、聖観音像とともに客仏としてもたらされたのであろうと思う。

須弥壇上の仏龕に視線をもどそう。仏龕は三基とも毎月十八日にのみ開帳されるが、中央の仏龕に本尊がいらっしゃる。そして、左右の仏龕にもそれぞれ、等身にちかい十一面観音立像が奉安されている。都合、三体の十一面観音を拝することができるわけだ。

縁起では、左右の像が運慶・湛慶の作だということになっている。観音霊場三十三所が成立して、巡拝行が盛んになってきた。そこで新たに二尊の像を造立した。本尊が十一面、二尊もそれぞれ十一面。合計すると三十三面になる。すなわち、これを拝すれば、三十三所すべてを巡拝するに等しい効験がもたらされるであろう。縁起にはそういう趣意が強調されている。

勝鬘夫人の姿を写した御本尊

それはさて、中央の本尊は、古代インドのコーサラ国の王女、勝鬘夫人《しょうまんぶにん》の姿を写していると伝えられてきた。現本尊の像容にそこまで特定してよい心証をもちえないので、私は率直に「生身の女性のような」とのみ書いてきたが、聖徳太子が最初に安置した像は、まさしく所伝に等しい像であったかもしれないのである。

聖徳太子には、推古六年（五九八）に朝臣を集めて『勝鬘経』の講讃をしたとする所伝がある。さらに、推古十七年から二年をかけ、太子は自身で『勝鬘経義疏《ぎしょ》』という解説書を著わしたとされている。

『勝鬘経』は、祇園精舎に滞在する釈尊のもとへ、勝鬘夫人がおとずれ、釈尊に法論をいどむという、特異な説相をもつ経典である。女性といえども男性に劣らず「五智」をきわめる能力を有している。女性もまた「六波羅蜜」の菩薩行を遂行できる。釈尊はもっぱら聞き役にまわり、仏道に帰する誓いを立てつつ女性の清浄な本性を理路整然と示してゆく勝鬘夫人を、釈尊が賞讃するかたちで、この経典はおわっている。これを一言にしめくくれば、『勝鬘経』は男女の平等を説いている経典なのだ。

推古天皇は、日本最初の女帝であった。女帝を容認しがたいとする官民が多かった。聖徳太子は摂政として推古天皇を擁護する立場からも、折から請来された『勝鬘経』を重視した。『勝鬘経』に添えられて、中山寺に安置することになった、勝鬘夫人を写したとされる観音像も海を渡ってきていたのであろう。聖徳太子は国家体制の安定をはかって『勝鬘経』を広宣し、同時に女性を差別する社会通念を一掃しようと企図したのだと思う。

私は中山寺の本尊を描いた古い絵軸をもっている。顔料を化学分析してもらえば、ほぼ製作年代を特定できる。分析に出そうと思いつつ未だ実行していないが、室町期よりはくだるまいという心証の絵像である。もしかすれば、絵軸はさらに古く存在した本絵像の写しであるかもしれない。

インド風の女人衣裳をまとう十一面観音が蓮台に立っていられる。台座が二重。蓮台下の基台に竜が二頭、からむかたちに描いてある。

左右に二体、小さな脇立ち。これまた女人風の十一面観音で、一方はうずくまる象の背に、他方は虎の背に乗っている。

『勝鬘経』で、勝鬘に仏道を求める心をおこさせたのは、母親の末利夫人《まりぶにん》である。釈尊のもとへ勝鬘を案内したのは、女官の真提羅《しんだら》である。

本尊はまさしく勝鬘夫人、脇立ちは末利夫人と真提羅であろうかと思うのだ。

聖徳太子は絵像として描かれているとおりの本尊と脇立ちを、この地におこした観音堂に奉安したのではなかったか。奉安には、勝鬘夫人に代わって大中姫の神霊に、忍熊皇子の怨霊を鎮《しず》めて摂津の民を休めるのみでなく、推古女帝の政体をも守ってほしいという、二重の願いがこめられていただろう。しかし、惜しくもその原像三体は、寿永の乱に焼失したのではないだろうか。

寿永の乱後、熊野御幸の途次、後白河法皇が当山をおとずれている形跡がある。絵像にくらべて現本尊は、宝冠が異なり、衣裳も簡約化されている。しかし、印相は同じ、台座も二頭の竜と蓮台である。後白河法皇が、旧本尊のインド風な様態を薄めて、現本尊一体のみを再興したとみるのが正しいかと私は思うのだ。そして、後白河の没後、先にふれた縁起のとおり、三十三所にちなむという趣意のもとに新たな二体の造立をみたのであったろう。

エスカレーターに乗って安産祈願へ

阪急電鉄宝塚線の中山駅で下車。北の山がわへ出て、目と鼻の先に現われる楼門をくぐる。参道の両がわに子院が並ぶ。子院といえども参拝者が多い。子院はそれぞれ、十二支による一代守り本尊いずれかの奉安所となっているからだ。

最初のエスカレーターで、上の台地へ。

東に五百羅漢堂、西に閻魔堂・寿老神堂・大黒堂がある。五百羅漢堂の本尊は釈迦如来像。宝冠をいただく珍しい像容だ。五百名の生徒（羅漢）たちが、神妙に、お釈迦さまの説法を聞いている。

閻魔堂の斜め背後が寿老神堂、さらに斜め背後が大黒堂である。寿老神堂と大黒堂のあいだ、緑の崖に古墳が口をあけている。見落としやすいから、とくに指摘しておきたい。「石の櫃《からと》」とよばれてきたこの古墳が大中姫の陵墓と伝わる。

隧道《ずいどう》から奥の石窟へ。隧道の低い天井に、二畳敷ほどある大きな岩が、三枚連なって嵌《は》まっている。威圧をうけて、首筋が縮まる感じがする。石窟内の壁も大きな岩であり、中央に石棺が安置されている。

次のエスカレーターで、さらに上の台地へ。

本堂が中央正面に位置する。本瓦で葺《ふ》かれた屋根の庇《ひさし》がふかく、うずくまる感のある仏堂だ。本尊の来歴の由々しさを思うからか、たたずまいを目にするだけで熱いものが込みあげる。

この台地には、東に護摩堂・開山堂が並び、西に宝蔵・阿弥陀堂がある。

中山寺　石の唐櫃

護摩堂は五大堂とよびかえてもよい。中尊が矜羯羅《こんがら》・制吒迦《せいたか》の二童子を従えている不動明王像。降三世《ごうざんぜ》・軍荼利《ぐんだり》・大威徳《だいいとく》・金剛夜叉《こんごうやしゃ》の四大明王像が配されている。

開山堂は神戸淡路大震災で半壊し、新しく建て直された。もちろん聖徳太子像が安置されている。さらにこの仏堂に、本堂の本尊、十一面観音像の精巧なレプリカを拝することができる。

西の阿弥陀堂参拝も怠りたくない。阿弥陀堂の前には「安産手水鉢《ちょうずばち》」が据《す》えられていて、この位置が「石の櫃」古墳の斜め上にあたる。手水鉢は舟形石棺。忍熊《おしくま》皇子の遺体がおさめられていた石棺であろうと伝わっている。皇子もついには観音さまの慈愛にみちびかれて安らかな神霊によみがえり、安産祈願の女性たちを守ってきたのであろう。

本堂のわきから石段をさらにのぼれば、弘法大師像をいただく大師堂がある。方形づくりの美しい仏堂で、山の緑に映える、屋頂の金色の宝珠に目をうばわれる。

本堂と大師堂のほぼ中間、踊り場にあたる台地に、子授け地蔵尊が安置してある。彫りあとがまだ新しい石像で、まなじりの涼しいこと。アイドルタレントのようなお顔立ちだ。若いお母さんたちがあげる線香の紫煙が絶えないのも、うべなるかな。

大師堂から西へ山の端《はな》を巻く道をとる。下の台地からたどる緩やかな女坂と道は一つになる。行く先に梅林がひらける。

山ふところなので花どきが遅いが、一目千本のみごとな梅林である。人にも馴れた、仲の良い番《つがい》であったのか。この梅林で、花の蜜を吸う二羽のメジロと至近に目が合ったことがあった。

聖徳太子を開山とあおぐ霊場は、第十八番頂法寺もそうであったように「紫雲山《しうんざん》」を山号とする。聖徳太子が赴いたところにはしばしば紫雲がたなびいたと、太子信仰は伝承してきた。

この霊場は変化に富んでいる。呼吸《いき》ぎれもせず山のかなりの高みまで行き着けるのもありがたい。諸堂をめぐって山をおりる私は、いつも大きな充足を味わっている。

第二十五番・御嶽山　清水寺
第二十六番・法華山　一乗寺

播磨の国

巡拝行は播磨《はりま》（兵庫県南西部）へ至って、清水寺《きよみずでら》・一乗寺《いちじょうじ》・圓教寺《えんぎょうじ》をめぐることになる。

平成十一年の秋と十三年の春、清水寺・一乗寺をドライブ・ツアーでおとずれた。そのときの印象から、私は「播磨」という国名の由来について考えてきた。それをまず聞いていただこう。

播磨の「播」は、稲の種《たね》を最初に播《ま》いた地方という意味をあらわしているのではないだろうか。「磨」のほうには、最初に鉄器をつくって磨いた地方という意味が託されているのではないだろうか。

『日本書紀』には、人皇二十二代、清寧《せいねい》天皇二年十一月の条に、初めて「大嘗《だいじょう》」の語が現われる。天皇が新穀を皇祖に供える儀式、大嘗祭・新嘗祭はここに起源をもつとみてよいと思う。その最初の新穀を供出したのが播磨の「縮見《しじみ》」の屯倉《みやけ》（籾米《もみごめ》を収蔵する官庫）である。縮見とは、加古川支流の一つ、美嚢川《みのがわ》が流れる現在の三木市のあたり。清寧天皇の時代といえば、ほぼ五世紀の中葉。このころすでに、加古川支流域一帯の山間盆地が、日本における稲作農業の最大の生産地としてひらけていたのであろうと私は思うのだ。

播磨はおそらく、水稲耕作がおこなわれた発祥地であり、中国山地から掘り出された鉱石で、鋤鍬《すきくわ》など鉄の農具をも最初につくり出した地方なのである。

清水寺は旧く、清妙寺とも清応寺とも称していた。平安時代に清水寺と改まり、今は京都の清水寺と混同されないよう新清水寺《しんきよみず》ともよばれている。所在地は、標高五百メートル余、御嶽山《みたけさん》のほぼ山頂。南麓には東条湖が満々と澄んだ水をたたえて横たわる。湖畔から望見した御嶽山の、たおやかな、気高い山容が忘れられない。ところで、御嶽山に降る雨はすべて、東条湖へ注いだ水も、加古川へ流れる。一乗寺周辺に降る雨も同様である。この地勢からも、両霊場をおとずれて以来の私は、悠久の上代へまで思いを馳せることになった。

いま一つ、清水寺では、平家について触れておきたい。

平安時代、日本の国土は六十六ヵ国に分割されていたが、官吏たちが国守に任ぜられるのを望んだ国、最も豊かであると目されていた国が、播磨・備前・讃岐・近江であった。

平安末期、平家一族が繁栄する基盤をきずいた平忠盛は、備前守・播磨守を歴任して財をたくわえ、中央政界に進出した。忠盛の子の清盛が平家政権を確立したが、清盛も播磨守を手放さなかった。

播磨は平家の金城湯池であった。清水寺はとりわけ、平家一族から手篤い庇護をうけた霊場なのである。

清水の湧き出る山の寺

中国自動車道から舞鶴自動車道へ折れ、三田西《さんだ》インターを出る。ここから県道を北上する。やがて、御嶽山頂まで山麓から完全舗装の登山道路を走ることになる。

日本の山間穀倉地帯はどこも過疎化がすすんでしまったが、このあたりの山野は過去の豊穣な風光をとどめてくれている。私は車窓から目にやわらかな山野の風光を楽しんで、快適なドライブをした。

平成十三年の春というのは四月二十六日であった。私はこの日、登山道路へさしかかったあたりから、御嶽山麓一円の雑木林の美しさに目をみはった。芽吹きをはじめたばかりの林がミツバツツジの花に染まっていた。まるで紅紫の靄《もや》が林間にたちこめているかのような、それは幻想的な風景であったのだ。

清水寺は、推古天皇三十五年（六二七）、インド僧の法道《ほうどう》が入山、千手観音像を安置する道場

清水寺

をおこしたところに始まるという。聖徳太子が崩じて五年後のことである。法道は一乗寺の開山でもあるので、その行実には後段でふれようと思う。法道の事跡から一世紀を経て、神亀二年（七二五）には行基《ぎょうき》が入山、大講堂をおこし、霊場としての寺観は整っていったようである。

　この霊場も再三にわたって火難に遭っている。最初の火難は中世の兵火。その後も雷火による罹災があった。そして、大正二年（一九一三）、山火事がもとでついに全堂塔を焼失してしまった。

登山道路の終着点が楼門を正面にみる大駐車場である。楼門は昭和五十六年の復興。楼門からまず薬師堂へ至る。この山内道に四月二十六日は紫と白の木蓮があざやかに咲いていた。薬師堂がよみがえったのも昭和五十九年。本来みられた薬師堂は、清盛の継母、池《いけ》の禅尼《ぜんに》の建立であったと記録に伝わる。

　大正二年の罹災のあと、ここでは根本中堂《こんぽんちゅうどう》・本坊・大講堂がまず大正六年に復興した。薬師堂の庇《ひさし》の下から、上の台地に建つ、霊場札所であるその大講堂を仰ぎみる。近代の建築とは思えぬほど、たたずまいに古色が漂っている。

堂内外陣《げじん》に坐して本尊の千手観世音菩薩坐像に合掌する。お参りが多く、人びとの念誦《ねんじゅ》の声が自然なうるおいとなって柱や梁《はり》に沁《し》みてきたのだ。堂内も古色をおびて心あたたまる落ち着きをみせている。

さらに上方の台地にみえる根本中堂へ、長い石段をのぼる。こちらの本尊は十一面観音。秘仏で開扉は三十年ごと。次は平成二十五年になるという。パネル写真で拝したところ、千手形ではない痩身の立像で、平安前期までさかのぼる製作と思われ、毘沙門天と吉祥天が脇立ちしていられる。

根本中堂の左背後、山腹に、寺名の由来となった滾浄水《こんじょうすい》が湧いている。山頂は木立の透《す》きに見えるほどだから、こんな山腹に湧き出る浄水に修行者は霊異を感じたにちがいない。中世以来のこの霊場は天台別院としての寺歴をもつ。比叡山では最澄が最初におこした一乗止観院《いちじょうしかんいん》の故地に根本中堂が建っている。同様のことがいえるのだと思う。清泉の位置からしても、現根本中堂の地に法道がおこした道場はみられたのであろう。

根本中堂からさらに奥へ、木立の深い山内道を大塔跡へむかう。秋の参拝では、この幽寂な道で、行く手をさえぎる山楓《やまかえで》の紅葉に見とれて歩をとめた。その楓の枝の下を首をすぼめて掻いくぐったのだった。

林の中に、天空がぽっかりと覗いて空地が現われる。土を高く盛られた方形の堤。十二畳敷きほどあるだろうか。失われた大塔の基壇なのだ。ここは四月二十六日の印象がよみがえる。基壇のふちの草むらにホトケノザが咲いていた。野草とて花を踏みたくはない。紅い小花を避けながら私は基壇へのぼった。

最初の大塔を建立したのは祇園女御《ぎおんにょうご》である。保元二年（一一五七）に建ったと伝わる。保元の乱が終息した翌年であり、祇園女御は、清盛と平家一族の武運を大塔に祈ったのであろう。この女性は、清盛の生母ではなかったかもしれないのだが、清盛を育てた母であったことに間違いはない。

基壇には二十五個の礎石が土に埋まって頭だけを出している。石はそれぞれ相当に大きい。石の配置の中央部分に穴が三個所ある。心柱と支えの脇柱が打ちこまれていた跡形であろうか。霊場巡拝では、石山寺に源頼朝建立の多宝塔を見たのだが、祇園女御が建てた大塔は、石山寺の塔をはるかに凌ぐ、日本最大の多宝塔であった。

大塔跡は、基壇に面して山頂がわの杉木立の前に、一幹の山桜がみごとな樹冠を張っている。四月二十六日はその山桜が散り初めであった。礎石の上に立つ私の胸もとへ花びらが舞ってきた。

インド僧法道と鉄鉢

さて、清水寺・一乗寺をおこした法道とは、どのような僧であったのか。霊鷲山《りょうじゅせん》といえば釈尊がしばしば説法の会座《えざ》としたインドの山である。法道は霊鷲山にのこされていた道場で悟りをひらいた仙人のひとりであると『元亨釈書《げんこうしゃくしょ》』は伝える。千手観音の小銅像・仏舎利《ぶっしゃり》・宝鉢《ほうばつ》をたずさえ、法道は中国大陸・百済《くだら》を経て、播磨にわたって来た。千手宝鉢法をあみだし、常に鉢《はち》を飛ばして供物《くもつ》を受けたので、民衆はこのインド僧を「空鉢仙人」とよんだという。

「千手宝鉢法」と「飛鉢受供《ひばつじゅく》」とは何を意味するか、そこを考えてみた。

古代へさかのぼるほど仏教にみる戒律はきびしい。戒は、修行者が日常生活で自発的に守らねばならなかった心得であり戒《いまし》めである。修行者が集団生活を営むばあいは規律を欠くこともできない。律は、修行者が守ることを義務づけられた規則を意味する。

その「律」のほうで、とくに食器となる鉢の使用法が厳格であった。仏には食物を石鉢で供える。修行者は鉄鉢《てっぱつ》または陶土を素焼きした瓦鉢《がばつ》をしかもちいてはならない。所持できる数も修行内容に応じて四鉢以内と定められていたようだ。鉢を洗うには土灰・牛糞・葉汁などをもちいる。携帯・保存にまで作法があった。

法道が日本へたずさえてきた宝鉢は、鉄鉢であったのだと思う。その宝鉢を写した鉄鉢を法道は播磨の鍛冶たちにつくらせ、慕い寄る修行者たちに護持させたのであろう。

食器としての目的以外にも鉄鉢は修行上の一切の行為にもちいられた。それを叩けば観音菩薩の妙智をたたえる楽器にもなった。修行者各自に鉄鉢一つをさえ護持させれば、規律ある清浄な集団修行生活を向上させることが可能であった。「千手宝鉢法」とはそのあたりの機微を伝えているのであろう。

法道は日本へたずさえてきた千手観音の小銅像・仏舎利を奉安する道場をひらき、宝鉢一つを自在に駆使して人びとを教導したのであろう。そこに、清水寺の根本中堂を、推古二十五年に建ったという最初の道場の後身とみることができる。

さらに「飛鉢受供」は、広い土地範囲の托鉢《たくはつ》を形容していると私は思うのだ。法道はおそらく、厳重な規律のもと修行者各自に、加古川流域の穀倉地帯へ、鉄鉢に供物を受ける行道《ぎょうどう》をさせたのであろう。

やがて法道の声望は時の政庁へまで達したが、このインド僧は病気の治療にも長じていた。大化五年（六四九）、法道は召されて飛鳥の宮廷におもむき、孝徳天皇の病悩を癒やしたという。その功により、勅宣があって、法道は新たに法華山中に勅願寺をおこすことになった。本堂が落慶したのは白雉《はくち》元年（六五〇）。それが一乗寺なのである。

国宝・一乗寺三重塔

勅願寺は天皇みずからが参拝する寺院でもあるから、修行者がこもるような深い山中にはありえない。法道はひろく民衆を善導するよう孝徳天皇から求められたのであろうし、その目的からも同じことがいえる。法華山《ほっけざん》は丘陵とよぶほうが適切な里山である。しかし、木々は欝蒼としていて、その林相のなかに一乗寺の堂塔は隠れている。

所在地は清水寺の西南西約二十七キロ。最初におとずれた秋、一乗寺に近い田園は黄金の稲穂が波うって取り入れの真っ最中であった。友人の運転で、クルマが小集落を縫う道を試行錯誤するあいだ、私は古い農家や土蔵をもつ家々のたたずまいを車窓から拾って飽きなかった。やはり、豊穣だなア、という感じがしたものだ。二回目の春は、先に言及した四月二十六日、清水寺から東条湖へおりて湖畔の宿に一泊、翌日におとずれた。霊場札所は崖の上の大本堂。じつは二回とも、その本堂が修理中でシートに覆われていた。堂内は立ち

一乗寺三重塔（国宝）

入り禁止、本尊は常行堂《じょうぎょうどう》に移安してあった。

林間をのぼった道路が丘陵の鞍部へくだる。四周を木立に囲まれたその鞍部が、霊場のいわば門前広場である。参道のかかりに無患子《むくろじ》の大幹が天を衝いている。

傾斜の急な石段を真直ぐのぼる。最初の台地に常行堂がある。ここでは往日、天台止観《てんだいしかん》の常《じょう》行三昧行《ぎょうざんまいぎょう》にいどむ修行僧の姿が見られたのであろう。次の台地に国宝の三重塔が立つ。塔のそばから仰ぐ切り立った崖の上が本堂である。

私は斑鳩《いかるが》をよく歩いた若いころ、法起寺《ほっきじ》三重塔のとりこになっていた。ここに三重塔を見出した瞬間、まずそのことを思い出した。法起寺塔は二重・三重の逓減《ていげん》がつよい。この一乗寺塔も同様に逓減がつよいので、高く伸びあがる感じは乏しい反面、じつに堂々とした安定感がある。

法起寺塔と相違するところをいえば、一乗寺塔には床に張り縁がめぐらしてある。露盤銘によって明らかな建立年時は承安《じょうあん》元年（一一七一）。張り縁をもつ塔としては日本最古の遺構である。

塔の九輪を見あげ、張り縁をめぐって安息させてもらった。時間の過ぎるのを忘れて、塔の下で霊場の山気に五体を洗ってもらったのだった。

実見をしていない本堂についていえば、その構造は正面九間・側面八間、入母屋造り・本瓦葺。寛永五年（一六二八）姫路城主の本多忠政が再建したという。そして、本尊は銅造の聖観世音菩薩立像である。

この一乗寺には、二体の銅造聖観音立像が伝わっている。一体のほうを私は宝物館で拝見し、そのほっそりした容姿とお顔の頬笑みに魅せられた。別の一体のほうが秘仏の本尊なのである。

写真などで照合すると、両尊像は白鳳仏にみられる西域風な特徴をもち、瓜二つといってよいほど像容が似ている。異なるところをあえて挙げれば、尊像の両肩から垂れている装身具の瓔珞《ようらく》の線条に、やや不一致が見られる程度である。白鳳期といえば、この霊場がおこった年時から四半世紀しか下らない。開創時の本尊は木彫の千手観音像ではなかっただろうか。その本尊が失われて、白鳳期に施入されていた銅造仏のなかから、聖観音像が本尊としてお立ちになったのではないかと考える。

つけ加えておきたいのは、本堂の背後に建つ鎮守三社について。護法堂と弁天堂が一間社春日造り、妙見堂が三間社流れ造り。三社ともに祠《ほこら》といってよい小さい御堂なのだが、秀麗な結構が私の瞼にのこっている。

清水寺では大塔再建の計画があるそうだ。再建の槌音《つちおと》が山の木立をふるわせる日は近いのだと思う。そして、ここ一乗寺では、あの高い崖の上に、修理の成った大本堂がすでに偉容を現わしているのであろう。

第二十七番・書写山 圓教寺

法華持経者、性空

姫路城の西北六キロに標高三百七十メートルの書写山《しょしゃざん》がそびえる。圓教寺《えんぎょうじ》をこの山にひらいた性空《しょうくう》は、修行者に『法華経』の転写を義務づけた。誰がいつ登っても写経にいそしむ修行者が目にとまったのであろう。書写山という山名はそこに由来すると思う。

法華持経者として霊験をとどろかせた聖《ひじり》であったので、性空にかんする所伝は数多い。それらにみるところ、この聖は古代の名族、橘《たちばな》氏の末裔で、延喜十年（九一〇）京都に生まれている。まだ幼児であった一日、性空を抱いたまま乳母《うば》が眠りこけてしまった。眼が覚めると幼児がいない。大騒ぎになった。幼児は庭の花むらのなかで仏のように安坐していた。十歳で師につき『法華経』を教わったという。いつも静かなところに黙坐して出家を夢みる少年であったという。

父が家を去ることを許さなかったようだ。その父が命終《みょうじゅう》し、性空は三十六歳で比叡山にのぼり、良源《りょうげん》のもとで落飾《らくしょく》した。しかし、比叡山にはとどまらず、行脚《あんぎゃ》に出て、日向《ひゅうが》の霧島連峰にたどり着いた。山林修行で悟りをひらいた古徳たちにならおうとする、山から山への旅であったのだ。霧島山中で『法華経』を読誦《どくじゅ》する日々に、食べるものが尽きた。一夜の夢に、性空がひらいている経典のうえに米が三十粒ほど落ちてきた。夢のなかで米粒を口へはこび、飢えをしのぐ。またの夜、草庵の戸の下に三枚の焼き餅がさしこまれる夢をみた。その餅をむさぼるように食べて目が覚めると、飢えの苦しみが消散していて、『法華経』の読誦をさらに休むことなくつづけることができた。

霧島山中にとどまったのは二年有余、三十九歳で修行の場を背振山《せぶりやま》に移したという。ここは福岡・佐賀の県境にまたがる標高千メートル余の高峰である。

性空はすでに『法華経』全二十八品（章）を暗誦するまでになっていた。背振山中でのその読誦の日々、常にそばに随《つ》いて共に経を読む二名の童子を性空は感得している。まるで不動明王に随従する矜羯羅《こんがら》・制吒迦《せいたか》の二童子のごとくに。人間とは思えない老僧が現われて、性空の耳に「福報遍照法花光蔵応正等覚」とささやいたこともあった。これを訳せば、「法華経の光にあまねく照らされて、まさしく汝は仏のさとりに達するであろう」ということになる。

現代の心理学は、二童子の示現といい、老僧のささやきといい、幻覚であると一笑に付すだろう。私はしかし、苦行の過程でこのような感応がともなうところに、性空の身心が浄化されていったのだと信じたい。

背振山中の長かった修行生活がようやくおわる。康保《こうほう》三年（九六六）、五十七歳の性空は京都へむかって背振山をあとにする。康保三年は良源が天台座主《ざす》にのぼり、火災で荒廃していた比叡山諸堂の復興に着手した年である。性空は比叡山にもどって良源を助けようと思ったのかもしれない。

書写山はこのころ素盞山《すさざん》とよばれていた。所伝の一つはいう。九州から旅して来た性空が素盞山のふもとへさしかかったとき、化生の老僧がまたも現われてささやく。京都へはもどるべからず。この山こそ汝が暮らして人びとに六根の清浄をきわめさせるべき山である。そこで、性空は瑞雲のみちびきにまかせて山へ分け入った、と。

「六根清浄《ろっこんしょうじょう》」は今日もひろく登山者が唱えている措辞《そじ》だ。六根とは眼・耳・鼻・舌・身・意の六種、人間が迷いを生ずる根源をいう。仏教者はとくに『法華経』を読み書きすることによって六根が浄化されてゆくことを「六根清浄」とよんでいた。

『徒然草』六十九段にこんな笑話が拾ってある。

性空は旅の宿に着くなり、二つの音を耳にしたことがあった。ツブツブと鳴るのは豆の煮える音で、「親しい仲であるお前が、こんなひどい目にわたしを遭わせるなんて」とぼやいていると聞こえたという。パチパチとはぜるのは鍋の下で豆幹《まめがら》が焚かれている音で、「おれの意志ではない。おれだって焼かれるのは耐えがたいぞ。おれを恨むのはお門《かど》ちがいだ」と聞こえたという。軒の巣に口をあける子ツバメのさえずりが、「殿さま米喰て、お前たちは麦喰て、わしは土喰て虫喰て口渋《しぶ》い」と、人のことばに置き換えられてきた。同様の「聞き倣《な》し」といってしまえばそれまでだが、『徒然草』の笑話は性空を、『法華経』を読誦した功で耳根が清浄となり、森羅万象の音声を聞き分けることができた聖と讃えてもいるわけである。

素盞山には『法華経』を尊奉する修行者たちの営みがすでにみられたのではないだろうか。性空が入山したそもそもの動機は、それらの人びとと法論を交わすところにあったのかもしれない。由々しいのは、性空の入山で書写山が〝西の比叡山〟とまでよばれる『法華経』研鑽の大道場になったことである。性空は九十八歳で示寂する最晩年ちかくまで、この山をおりなかった。

山上の別天地

ＪＲ姫路駅の北口から書写行きの市営バスが出ている。終点で下車、ロープウェイに乗り換える。バスは三十分、ロープウェイは四分。降り立った山上はすでに、空気のさわやかに澄む別天地である。

仁王門まで雑木林をゆく道は明るい。仁王門をくぐると林相は一変、高い木々の下を縫う山内道が暗くなる。聖域へ来たという思いが胸にわく。右手に後白河法皇が宿った塔頭《たっちゅう》、寿量院がみえる。道はゆるやかに下って谷に架かる石橋へ出る。山上駅からここまでが一キロ弱という見当だ。石橋をわたった崖の上に、霊場札所の大仏堂、摩尼殿《まにでん》が現われる。

性空は入山して間もなく、現在の摩尼殿が建つ崖に、山桜の花をあおいだ。一幹のみごとな古木であった。その山桜と交感をふかめた性空は、来る春ごとに花を待った。

あるとき、その山桜に天人が降りて、生木の幹に如意輪観音の像を彫る夢をみた。またも夢であるから首肯《しゅこう》してもらえないかもしれないが、私は余命が尽きたのを悟った山桜が性空に通信を送り、性空は夢に六根の一つである意根でその通信を受けたのだと思う。

山桜は間もなく枯朽《こきゅう》した。安鎮《あんちん》という行者が性空の命をうけ、その古木の根株を台座として仕立て、主幹を切って如意輪観音像を彫りあげた。

青岸渡寺《せいがんとじ》のところで、裸形《らぎょう》のインド僧が巨木の幹に如意輪観音の相容を彫りつけ、那智の滝に打たれる修行をしたと述べたのを、憶えてくださっているだろう。書写山縁起の一つは、性空が生木の桜の幹に像を彫ったとしているが、それは那智山の伝えに影響された勘違いであると思う。桜は生木を彫るなどすれば直ちに枯れてしまう。性空がそんな苛酷なことをしたはずがない。那智のばあいは、タブノキかクスノキであったから枯れなかったのだ。性空は山桜が枯朽したから、木の遺志を汲んで観音像を彫らせたにちがいない。

摩尼殿は、桁行十一間・梁行八間、京都の清水寺本堂のように懸け造りの堂々たる仏堂である。

現在の建物は、旧堂が大正末年に火災で失われたあと、昭和八年に復興をみたという。軒を支える斗栱《ときょう》など細部の構造が際立っている。私は美しいその外観にいつも目を洗われながら石段をのぼり、入堂させてもらってきた。

　摩尼とは宝珠のこと。水を清くする功能を摩尼宝珠はもつという。性空が彫らせた像は明応元年（一四九二）に焼失したのだが、摩尼殿の現本尊は、青岸渡寺・園城寺《おんじょうじ》などに拝した像容と同形、六臂《ぴ》の如意輪観世音菩薩坐像である。右第一の思惟手を頬にあて、第二手で摩尼宝珠をもち、第三手で数珠をにぎっていられる。この本尊の像容と、この仏堂の直下から清水が流れ出している地形から、摩尼殿の名は生まれたのであろう。

　承安四年（一一七四）四月三日、後白河法皇は安芸《あき》厳島《いつくしま》御幸《ごこう》の帰途、当山に立ち寄った。そして、如意輪堂にのぼり、性空が示寂《じじゃく》して以降は秘閉されていた厨子《ずし》を開扉《かいひ》させ、本尊を拝している。摩尼殿はこの如意輪堂の後身であり、後白河が拝した本尊こそ山桜で彫られた如意輪観音像であったのだろう。

　康保三年（九六六）の入山以来、性空は二間四面という小さな草堂に起居したと伝わるが、圓教寺の結構が整うまでには長い年月の経過があった。所伝では、性空七十六歳の寛和元年（九八五）に、最初の仏堂、法華堂が建っている。姫路に国衙《こくが》（政庁）をおく播磨国守の藤原季孝に性空の声望が聞こえて、この仏堂は季孝の施入であった。

法華堂では法華三昧がおこなわれた。六根を清めるため修行者は『法華経』のなかの精髄のことばを不眠不休で称えつづける。一口にいえば、それが法華三昧である。性空は来山する修行者のために、法華三昧をおこなう道場をまず建てたいと願っていたのだ。

粉河寺《こかわでら》への紀行で花山法皇《かざんほうおう》の営為に言及したのであった。法華堂が建った翌寛和二年（九八六）七月、山林修行にあこがれる十九歳の青年が飄然と性空の前に姿をみせた。比叡山で落飾して間もない花山法皇である。この初度の面授《めんじゅ》で、性空の枯淡な人格にうたれた青年法皇は、性空とゆるぎない結縁《けちえん》をした。再度の面授が性空九十三歳の長保四年（一〇〇二）であったが、この二回の面授の間に、花山法皇の後援があって、圓教寺の修行施設が次々と建っていったのである。

仏教各宗は完全で円満な究極の真理であると自宗がみなす教えを円教という。天台宗では『法華経』が円教である。その『法華経』の教えをきわめることができる修行道場という意味で、「書写山圓教寺」という勅額をくだしたのも花山法皇であった。

大講堂・食堂・常行堂の威容

摩尼殿の背後から、西へ林間の道をとる。樹齢数百年の杉檜の梢を見あげ、苔むした岩から岩を伝ってゆく。ほどなく、白砂の明るい広場に出る。ここに書写山中枢の修行施設が建っている。コの字型に広場を囲む三体の建物。大講堂・食堂《じきどう》・常行堂《じょうぎょうどう》である。樹林の緑を後方へ押しやる、地を圧した威容に目をみはる。いずれも室町時代に再建された仏堂で、重文指定をうけている。私は初めて広場に歩を入れたとき、三つの建物から漂う気韻に五体を縛られ、思わず嘆声をあげたのだった。

圓教寺大講堂

広場に南面する重層の大講堂は、須弥壇上に重文の釈迦三尊像をいただく。延暦寺根本中堂の形式が内陣にうかがえ、かつ唐様の部位が目になごむ、荘麗な仏堂である。

食堂はこれまた重層の長大な建物で、東面している。柱の数をかぞえてみた。梁行は四間だが、桁行が十五間もあることを確認し、長大さに改めて目をみはったものだ。

室町時代、「直談《じきだん》」とよばれて、『法華経』を学ぶ討論会が大講堂で盛んにおこなわれていた。食堂は修行僧の合宿所であっただろうが、諸国から「直談」に参加した客僧たちの接待所にも当てられていたのだと思う。

常行堂には、正堂のほかに楽屋と舞台が付属している。正堂は五間四面で、これは常行堂の規矩《きく》とみてよい平面だろう。その正堂が広場に側面をみせ、接続する舞台が広場に向かって大講堂を正面にしている。舞台では、大講堂の法会《ほうえ》を荘厳《しょうごん》する舞楽などが演じられていたのであろう。

常行堂の本尊は重文丈六の阿弥陀如来坐像。幽暗の堂内にお姿が金色《こんじき》に浮かび出ている。私はこの尊像のやさしいお顔からも癒やしをうけてきた。

室町時代は、三昧行の主流が法華三昧から常行三昧へ移行していたようだ。常行三昧は阿弥陀仏をいただく須弥壇のまわりを限りなく行旋する。ここはその行をおこなってきた道場である。

食堂の背後から、さらに西へ樹間をゆく。奥の院へ出る。

開山堂・護法堂・拝堂。奥の院にもこれらの建物がコの字型に建っている。

開山堂は方形造《ほうぎょうづく》りの屋根の張り出しが深い。性空像をいただく堂内は暗く、ひそやか。軒下の四隅に力士の彫刻がみられる。重い屋根を支え上げようとして必死な、力士の形相に頬笑まされる。

性空の夢に随従した二童子を乙天《おとてん》・若天《じゃくてん》という。護法堂は祠《ほこら》のごとき二社である。一方が乙天社、他方が若天社。拝堂がこの護法堂二社と向かい合って建ち、互いに開山堂の露払いをしている。

今度は南へ林間を縫い、西の台地とよばれている聖域へ至る。

この台地に三間四方の金剛堂がみられる。金剛薩埵《こんごうさった》とよばれる密教の菩薩像が安置されているのだが、私はいつも金剛堂のあたりに薫風を感じてきた。性空が住房とした小さな草堂はここにあったのではないか。そういう心証をもおぼえるのだ。

金剛堂は南面している。この仏堂を背にして立つと、樹間をとおして扇状に風景がひらける。快晴の日、瀬戸内海に浮かぶ島々がみえた。四国山脈までが墨絵屏風のように霞んでいた。反転して東へ、鐘楼・法華堂・薬師堂などを経て、別の山内道を摩尼殿下までもどって来る。摩尼殿の観音さまに暇乞いの合掌をして石橋をわたる。ここからも往路とは別の道をとる。

石橋をわたったあたりから一種の開放感がきざしてくる。諸堂めぐりには心地よい緊張があった。その緊張がゆるんで、五体が清められているのを覚えるのだ。

この帰りみちは林相も変化に富み、ロープウェイの山上駅に着くまで、いろいろの木々や花に出会う。春を告げるヤシャブシの花にたわむれ、秋はヌルデの目もあやな紅葉に立ち止まったのも、この復路であった。

首都圏に暮らされる方であっても、新幹線で楽に一日、往還ができる。私は実生活の垢がつもってきたのを感じるとき、この聖《ひじり》の山をめざしたくなる。

第二十八番・成相山 成相寺
第二十九番・青葉山 松尾寺

猪に代って行者に食べられた観音さま

成相山《なりあいさん》は天《あま》の橋立《はしだて》を眼下にしている。

国生みの神であった伊弉那岐尊《いざなぎのみこと》は天にかよおうとして長い梯子《はしご》をつくった。ところが、天に立てかけておいたその梯子が、この神の眠っている間に倒れてしまった。梯子は海上に突き出た砂《さ》嘴《し》に形を変えて松が生い、天の橋立になったのだと、風土記にいう。

浦島の子が竜宮で乙姫に歓待されたという説話も風土記に原型がみえる。浦島の子は、天の橋立の北、日置《ひおき》の浜の漁師であったと、風土記はいう。

丹後は太古の伝説がいきづく国である。昔の巡拝者はこの丹後の成相山まで、播磨の書写山から行程百二十キロにおよぶ長い道中をした。

成相山は標高五百六十九メートル。成相寺《なりあいじ》は山の中腹に位置し、慶雲元年（七〇四）の開創と伝わり、開創者を真応という。私はこの行者を渡来僧であったかと思うのだが、来歴が全く分からない。それはともかく、当初の成相寺は現在より山奥にあった。そこは名もない山林修行の道場であったのだろう。そんな山寺が、行尊・覚忠によって巡拝札所に選ばれる観音霊場となったかげには、ここでも、説話の力があずかっている。

平康頼が「穴太《あのう》の観音は仏師にかわりて射られたまい、成相の観音は猪《い》にかわりて行者にくわれたまう」と『宝物集《ほうぶつしゅう》』に書いているが、こんな説話がひろまったのだ。

ある厳冬、真応がのこした山寺を独りで守る行者が、豪雪つづきで食に飢えた。いよいよ餓死を覚悟したとき、仏堂に横たわる行者はふと板戸の裂け目から外を見た。雪のうえに血痕が点々とついている。行者はよろめきながら血痕のあとをたどる。野犬の群におそわれたらしい鹿（猪）の死骸が転がっていた。

観世音菩薩は鹿を憐れんでいらっしゃる。鹿の肉を食べるなどすれば成仏はかなわず畜生道に堕ちるであろう。行者は思ったが、野犬が食べのこした肉を削り取る。背に腹はかえられなかった。仏堂にもち帰った肉を煮て食べ、飢えを凌いだ。

翌朝、雪に閉じこめられている行者の身を案じて、村の衆が山寺へ登って来た。雪のうえに木屑《きくず》が点々と散らばっている。鍋のなかにも木屑がある。衆たちが言う。――心配していたとおり、食に飢えなさったね。それにしても木をお食べになったとは——。行者はわれにかえって観音像の足もとへ這いすすんだ。尊像の脇腹と腿《もも》に真新しい削られた瑕《きず》がある。——ああ、観音さまが助けてくださったのだ——。行者は呻《うめ》いた。

村の衆が雪のうえに散乱する木屑を集めた。行者がその木屑と鍋底の木屑を尊像の瑕に貼ってゆく。補修は成った。観音像からは不思議にも瑕の跡形が消えていった。接合の結果、元通りになることを「成り合う」という。——観音さまが成り合（相）われたぞ——。村の衆が涙を流して叫んだという。

この説話がもとで、成相山・成相寺の名はおこったのであろう。そして、この説話がひろまったから、霊場巡拝が成立した平安末のころ、丹後路では、成相寺の観音像がとくに信仰を集めていたのであろう。

成相寺の現本堂は五間四面の入母屋造り、江戸時代の建築である。破風《はふ》をいただく向拝《こうはい》屋根が張り出している。

本尊は秘仏の聖観世音菩薩立像。その本尊を奉安してある仏龕の正面に、一メートル余の尊像が立っていられる。このお前立ちがいわゆるレプリカではなく、平安時代の作と思われ、お顔に修理のあとがみられるが、由々しい、古色をおびた聖観音像なのだ。

ご本尊はさて措《お》いて、このお前立ちと結縁させていただこう。不敬虔を恥じねばならないが、合掌をしながら、そうも思ってしまう私だ。

本尊仏龕の向かって右には十一面観音像を、左には地蔵菩薩像を拝する。本堂外陣、納経所の長押《なげし》上には、左甚五郎作という「真向《まむ》きの龍」も飾ってある。

成相寺展望台より望む天橋立

天の橋立と梵天国の姫物語

JR宮津線の天橋立駅で下車。切戸《きりど》の瀬戸から観光船で江尻の浜の一の宮へ。ケーブルかリフトで傘松公園にのぼり、シャトル・バスに乗り継ぐ。近年は大型バスもかよう登山道路が国道一七八号を基点に開通し、本堂の間近くまでドライブが可能になった。

登山道路はさらに山を登って、パノラマ展望台まで導いてくれる。参拝をおえた清々しい気分で、この展望台に立つ。

右方眼下、天の橋立にまず視線を凝らしたい。

与謝海《よさのうみ》（外湾）と阿蘇海《あそのうみ》（内湾）を真っ二つに分かつ、列松の長いうねり。江尻の浜から切戸の瀬戸へ、巨大な竜が緑の体鱗をふるわせ、海上へ伸び出しているかのようだ。望遠鏡で覗《のぞ》くと切戸の浜に智恩寺《ちおんじ》の甍《いらか》がみえる。内湾の奥には丹後の国府が置かれた岩滝の集落もみえる。

往日、書写山から杖をひいた巡拝者は、国府の岩滝を経て成相山に登ったと思われる。離山のさいは、三キロにおよぶ天の橋立の列松を縫って智恩寺に至り、文殊菩薩に道中の加護をねがった。そして、次の札所、松尾寺《まつのおでら》へむかったのであろう。

パノラマ展望台には説明板が設けてある。図解を頭に入れて、少しずつ視線を正面に移してゆく。与謝海の名は、太古から限りない恵みを与えてくれた外湾に感謝する意をあらわしているのであろうか。与謝海が満々と水をたたえて盛りあがっている。その海上彼方にひろびろと山々が横たわる。

図解のとおり、京都の愛宕山《あたごやま》の頂きを見定めることができる。成生岬《なりゅうみさき》が突き出し、松尾寺を山腹にいだく青葉山がみえる。能登半島まで、あの突端らしいと識別できる。白銀をいただいて霞む北アルプスと白山に目を見はったことがあった。左遠方は空と交わる水平線だが、手前にオオミズナギドリの繁殖地として知られる冠島《かんむりじま》が浮かんでいる。

ところで、藤原高藤《たかふじ》といえば摂関家の支流であり、宇多天皇の女御となって醍醐天皇をもうけた胤子《いんし》の父である。高藤には丹後の女性に産ませた定文があるが、天の橋立をもつ伝説の風土は、主人公に定文の子を仮託したかと思える こんな御伽話《おとぎばなし》をも生み出している。

定文の子の玉若《たまわか》は小さいころから笛の名手であった。その玉若が相次いで失った両親を供養して吹きつづける笛の音を、梵天《ぼんてん》国の王が聞きつける。梵天とは原始仏教が天界にあるとみなした国である。玉若は梵天王の美しい姫を妻に迎えた。

朝廷の人びとがこれを羨望して次々と難題をつきつける。玉若夫妻は難題を解いていった。梵天王の印をもらうべし。これが最後の難題であった。

玉若夫妻は梵天国へ飛ぶ。梵天国で玉若は、鎖につながれた餓鬼のような男から食をねだられる。可哀相に思った玉若は、男が鬼のみが棲むという羅刹《らせつ》国の王であるとも知らず、米飯を分け与える。米飯は鬼にとって一粒で千人力という効き目があった。忽《たちま》ち鎖を切った鬼の王は、玉若の妻を掠《さら》って飛び去ってしまう。鬼の王はずっと以前から梵天王の姫に横恋慕をしていたのだ。

玉若は羅刹国に飛んで、苦難の末に妻を救い出す。夫妻は時速二千里という車に乗って逃げる。鬼の王が時速三千里の車で追って来る。あわや捕まるかというとき、極楽浄土に棲む鳥の迦《か》陵頻伽《りょうびんが》と孔雀《くじゃく》が飛来して、鬼の王を車もろとも地獄へ突き落としてくれた。

都に暮らすから難題を朝廷がつきつけてきたりするのである。無事に屋敷へ帰り着いた夫妻は、こっそりと逐電し、丹後へやって来た。そして、長い年月を仕合わせにすごしたのだが、命終して後、妻の姫は成相の観音菩薩に、夫の玉若は智恩寺の文殊菩薩となった。夫妻は今もときどき天の橋立で逢いながら、共に民衆の救済に励んでいるのである、と。

智恩寺は〝切戸《きりど》の文殊堂〟ともよばれ、本尊は文殊菩薩。私は特別開帳の日に秘仏の本尊を拝したが、獅子に騎乗する、やや童顔の素晴らしい像である。最近さらに、この文殊菩薩像は、天の橋立が悪竜と化して暴れないよう、智恵の力で教化してもらうため造立されたと、説話まで伝わっていることを知り、これには何かわが意をえた思いがする。

天の橋立は多くの和歌にも詠まれているから、好みの二首を挙げておこう。

はや晴れよ松のおくこそゆかしけれ霧たちわたる天の橋立

夕暮は松をへだてて浦千鳥ともよびかはす天の橋立

前首は慈円の建久元年（一一九〇）の詠。智恩寺から霧の彼方に見えない成相寺の方角へ手を合わせているのではないだろうか。慈円はこの二年後、天台座主《ざす》となる。

後首は南北朝期の歌僧、頓阿の詠。外湾がわの水辺にも内湾がわにも千鳥たちはたわむれ、互いに列松に遮《さえぎ》られて見えない友を呼び合っている。私は初冬のある夕暮、切戸の瀬戸に架かる大天橋で、この歌そのままの情景を味わった。

海人と馬頭観音の伝説

青葉山は丹後と若狭の国境にそびえる標高六百七十メートルの秀峰である。若狭がわから望む山容が〝若狭富士〟とよばれていて、その名のとおり美しい。松尾寺《まつのおでら》は丹後がわの中腹、まさしく木々の青葉のなかに鎮《しず》まっている。

切戸の文殊から国道一七八号を東へ。二七号に入って舞鶴をさらに東へ。JRならば小浜線の松尾寺駅で下車、小一時間の徒歩行となる。東舞鶴から高浜行のバスがあるが、松尾寺口で下車、これまた野道・坂道を四十分ほど歩かねばならない。

威光という僧が慶雲年間（七〇四—七〇八）に中国から渡来した。青葉山を望んだ威光は、ふるさとの馬耳山《ばじさん》という霊峰と似る山容に惹《ひ》かれた。そこで青葉山中にこもって修行をつづけたところ、和銅元年（七〇八）に松の根方で瞑想していて馬頭観音を感得、松尾寺をひらいたと伝わる。

本堂は宝形造り、単層の建物だが珍しい二重屋根で、向拝をもち、銅板で葺《ふ》かれている。享保十五年（一七三〇）の再建という。

この本堂を正面にみて、右に樅《もみ》・左に榧《かや》、それぞれ一幹の大樹がそびえる。初参したとき、古木と交感して安らうことを好む私は、この両樹に出会えただけでも仕合わせだと思ったその矢先、樅のさらに右手に銀杏《いちょう》の大幹を見出して、おどりあがってしまった。

直立する幹のずいぶん上から乳根が垂れている。説明板に元永

松尾寺本堂

松尾寺本尊・馬頭観世音菩薩

二年（一一一九）鳥羽天皇のお手植えと書いてある。乳根を生ずる銀杏の種類では、法然が少年期をすごした美作《みまさか》の菩提寺に天然記念物の巨幹がある。菩提寺に次ぐ大幹といってよいかもしれない。

銀杏を手がかりに調べたのだが、元永二年といえば鳥羽天皇は十七歳。少年天皇に仏道の指導をした僧侶たちのなかに、頽廃していた松尾寺の中興をねがう人物があったらしい。鳥羽天皇は二十一歳で譲位後、皇后美福門院とともに確かに当山の堂塔を修復している。これが延《ひ》いては、行尊・覚忠による巡拝札所としての選定につながったのであろうと思う。

大樹たちに荘厳されている本堂へのぼる。

本尊は馬頭観世音菩薩坐像。仏龕《ぶつがん》の正面にお前立ちを拝する。三面八臂の忿怒《ふんぬ》像である。左右の第一手を合掌していられる。秘仏の本尊も同じ像容であろう。霊場三十三所中、馬頭観音を本尊とする札所はここ松尾寺をおいてない。本尊仏龕の左右では、快慶作の阿弥陀如来坐像、これも鎌倉彫刻である地蔵菩薩坐像が迎えてくださる。

さて、覚忠は巡礼記に本尊馬頭観音の造立者を若狭の国の「海人《あま》二人」と記していて、ここにも不思議な説話が伝わっているのだ。

海人の二人は悪風にほんろうされて鬼の国に漂着した。――観音さま、お助けください。もしも国へ帰れたならばご尊像を造立して供養させていただきます――。鬼の国で必死に念願をしたところ、一頭の葦毛《あしげ》の馬が現われる。二人は悦び勇んで騎乗した。馬はどのように海上を走ったのであろうか。我に返ったとき、二人はふるさと若狭の木津浜に到着していたという。

観世音菩薩はその威神力《いじんりき》によって危難からわたしたちを救出してくださるが、『観音経』は風難について、このように説く。

――もしも人びとが大海に船を出して暴風に遭い、残忍な鬼の棲む羅刹《らせつ》国に漂着したとしよう。船のなかに一人でも観世音菩薩の名を称する者があれば、観音さまは乗船する全員を羅刹鬼に食い殺される危難から救い出してくださるであろう。

説話はこの一節と照応するばかりか、玉若伝説と、さらに浦島伝説とも脈絡の通じるところをみせている。

仏教の守護神の一体に、音楽を担当する神、体形は人間だが頭は馬という緊那羅《きんなら》がある。悠久の昔、シルク・ロードをゆく隊商たちが盗賊によく襲われた。隊商たちは全員で「南無観世音菩薩」と唱え、その合唱をつづけるところに恐怖は消退、沈着な対処が生まれ、盗賊を撃退しえた。私は以前、それについて、隊商の合唱を指揮するため緊那羅の身体で示現されたのが馬頭観音であろうと、私見を書いた。威光はシルク・ロード近辺から渡来した人であるやもしれず、馬頭観音の像容に明るかったのだ。

青葉山麓の海岸に暮らした漁民たちは、威光が彫りあげた観音さまの、いかめしいが滑稽でもある像容に親近感をもったのだと思う。

危険を覚悟で日本海のはるか沖まで漕ぎ出す漁労生活を送る人びとが多くあった。その生活に、深い海底に竜宮があるという伝説が不安を払拭してくれた。しかし、羅刹国があるとも経典は教えている。風難に遭った海人の二名は、ふるさとの馬頭観音に救済を念じながら、竜宮と羅刹の鬼の双方を心にえがく葛藤のなかで、大海を夢うつつに漂流したのであろう。そして、奇跡的に生還できた二人は、朽ちこぼれようとする馬頭観音の原像に代わる新たな尊像を造立したから、説話は生まれたのであろう。

玉若の説話をいまいちど振り返れば、天に梯子を立てたという伝説があったから、梵天国に飛ぶという発想もごく自然に生まれたのであろうと思う。

丹後・若狭には、今日もなお伝説がいきづいている。

私は松尾寺で懐かしいメダカにも会った。青葉山から湧き出た清水が流れる放生池《ほうじょういけ》がある。繁殖するメダカを鳥が狙うのだそうで、網が張ってある。すいすいと藻草をくぐって、メダカたちが泳いでいた。

第三十番・厳金山 宝厳寺［竹生島］

竹生島縁起を推理する

行尊《ぎょうそん》・覚忠《かくちゅう》の巡礼記は、行基《ぎょうき》がひらいたこの観音霊場を、寺名ではなく、ただ「竹生島《ちくぶしま》」と記している。本尊は弁才天であって、観音さまはここでは弁才天の神徳に添う補処《ふしょ》の菩薩であり、由来が複雑、「竹生島」とのみよぶのが妥当であったのだ。

明治初年の神仏分離によって、弁才天を祭祀する竹生島弁才天社は都久夫須麻《つくぶすま》神社と改称された。さらに、観世音菩薩を安置していた観音堂が厳金山宝厳寺《がんこんざんほうごんじ》観音堂となり、昭和十七年（一九四二）には宝厳寺の本堂として弁天堂が落慶、旧弁才天社の本尊がこちらに移安されて現在に至っている。

竹生島は琵琶湖の北の奥つかた。この島は周囲が約二キロ、岸辺はほぼ絶壁だが、南のわずかな波打ちぎわにのみ岩場のくずれたところがある。そこに設けられた船着場へ、長浜・彦根・今

竹生島宝厳寺

津から高速船がかよっている。

　複雑な由来を、まず私なりに解きほぐしてみよう。

大昔、伊吹山《いぶきやま》を気吹雄命《いぶきおのみこと》が治め、姪《めい》の浅井比咩命《あさいひめのみこと》が浅井山を治めていた。二つの山が高さを競ったとき、一夜にして浅井山は高さを増した。気吹雄命はこれに怒《いか》って刀剣を抜き、浅井山の頭を斬った。頭は琵琶湖に落ちて島となったが、竹生島が斬られた浅井山のその頂上部ではないだろうかと、風土記はいう。

　姉川の戦い（一五七〇）に敗れた浅井長政は小谷城で切腹する経過をたどる。小谷城跡の北方に金糞岳《かなくそだけ》（一二七一メートル）がある。伊吹山（一三七七メートル）から比定すれば、金糞岳を浅井山とみるべきであろうか。

　文字のなかった上代、人びとは部族間におこった重要な出来事を子孫に伝えようとするとき、それを絵にするほかはなかった。湖北地方の北部を制する部族と南部を制する部族のあいだに雌雄を決する戦いがあって、北部がわが敗れたと想定してみよう。さらに、北部がわの首長は劇的な死をとげて竹生島に葬られたとも想定してみよう。おそらく、そういう事情を象徴する絵が描かれ伝わったところに、風土記の伝説は生まれたのであろうか。

二種類の「竹生島縁起」が伝わる。そこには風土記の伝説と関連する、こんな意味のことも記されている。

気吹雄命に敗れた浅井比咩命は隠れて湖底に坐したから、湖底からは「都布都布《つぶつぶ》」とつねに音が発し、湖面に水沫がたちあがった。やがて、風塵《ふうじん》が積もり、そこは島となった。裸《はだか》の島には、鳥が来て種を落とし樹林が形成される以前、篠竹が生い茂った。竹生島という名は、都布都布島の転訛であるが、まず竹が生えた島であることをも表わしている、と。

さて、宝厳寺に伝わる古文書は、大略、次のようにいう。

聖武天皇は神亀元年（七二四）、行基に命じて竹生島に堂塔を開基せしめた。同二年、第一宝殿が完成、行基はみずから彫刻した八臂《はっぴ》の弁才天像を安置、天皇は宝殿を「厳金山太神宮寺大梵涌楼飛殿宮」と名づけた。同三年、第二宝殿が完成、千手千眼観音像を安置、天皇はこちらを「厳金山本業寺」と名づけた、と。

一般にこの来歴が重んじられてきたのだが、縁起とのあいだに異同がある。縁起は行基が竹生島に足跡をしるしたのを天平十年（七三八）としている。

聖武年代の正史といえば『続日本紀《しょくにほんぎ》』である。私は異同について『続日本紀』を照合してみた。行基は畿内一円を伝道、社会福利に挺身して菩薩とあおがれた傑僧だが、神亀元年当時は未だ、民衆をみだりに「妖惑《ようわく》」する注意人物と朝廷から目されていた。聖武天皇が社会にたいする行基の貢献を把握し、行基と弟子たちの活動を認証したのは、ようやく天平三年（七三一）である。行基ときに六十四歳であった。天平十年は、聖武天皇が国家鎮護のため諸国に『最勝王経』の転読を命じた年だ。盧舎那仏《るしゃなぶつ》（大仏）造営の構想をいだいたのも、この年ではなかったかと思える。聖武は天平十五年（七四三）十月、大仏造営に助成を求める詔勅を発布し、紫香楽宮《しがらきのみや》に大仏を奉安する寺地をひらいた。二年後には平城還都《かんと》、大仏は東大寺に造営されるのだが、紫香楽宮の造営寺地で地鎮法会《じちんほうえ》を司ったのは、弟子たちを率いた行基であった。

石山寺で述べたように、聖武天皇の命をうけた良弁《ろうべん》は、石山寺の地で金鉱発見を如意輪観音に祈願した。良弁は百済《くだら》人を両親に生まれている。行基もまた百済系渡来氏族の出身である。行基と良弁は、同じ百済人の血をひく誼《よし》みからも、大仏造営のため意思を等しくした。

行基はおそらく、聖武天皇の命をうけ、天平十年から十五年に至るあいだに竹生島へわたり、国家鎮護と大仏造営の祈願のため、ここに堂塔をおこしたのであろう。

秀吉ゆかりの日暮御殿

竹生島の頂上は標高一九七メートル。船着場のそばから、段数一六九の石段が急斜面を真直ぐ上へ刻まれている。石段をのぼりつめた左手に宝厳寺弁天堂がある。

霊場札所の観音堂は、石段をほんの少しあがった右手。国宝の唐門《からもん》をくぐって堂内外陣へすすみ、秘仏の本尊、千手千眼観世音菩薩立像を礼拝する。

現観音堂は、豊臣秀頼が慶長八年（一六〇三）片桐且元《かつもと》を普請奉行として、京都の豊国廟《ほうこくびょう》から移築した建物である。豪華な極彩色の唐門もまた、豊国廟の遺構であろうか。

観音堂から崖造りの渡り廊下が都久夫須麻神社の本殿へつながっている。秀吉はみずからの座《ざ》船《せん》、日本丸をもっていた。渡り廊下はその座船の移築であるといい、舟底天井の優美さに驚かされる。

神社の本殿は、これまた秀吉が伏見城内に天皇を迎えるため設けたとされる御殿の遺構である。国宝のこの本殿には〝日暮御殿《ひぐらしごてん》〟の別名があるから、私は京都西本願寺の唐門が〝日暮門《ひぐらしのもん》〟とよばれているのを思い起こす。日暮門の名は、念を入れてその美しさに見とれていると時間を忘れ、日が暮れてしまうという趣意だ。日暮御殿も同じ趣意から生まれた美称であろう。京都に暮らす私は多くの寺社で伏見城の遺構なるものに接してきたが、桃山建築の絢爛《けんらん》たる美しさは、この本殿の内部にきわまるといっても過言ではない。

神社の祭神は浅井比咩命。伊弉那美尊とする伝えもある。行基はこの島に来てまず、湖北の村民たちによる祭祀《さいし》のあとを発見したのであろう。そこには国生みの神である伊弉那美尊と浅井比咩命の習合がおこなわれていたのであろう。これを神仏習合におきかえれば、熊野にみたように、伊弉那美尊は千手観音の垂迹《すいじゃく》である。さらに言えば、伊弉那美尊のみにかぎらず、最も先行する土着の祖先神を千手観音の垂迹とみる思想が、天平のころ、すでに盛行していたと解すべきなのだ。

本殿には、鎌倉時代の作と思われる、琵琶を弾ずる二臂の弁才天像も奉安してある。往日は、現弁天堂（宝厳寺本堂）へ移安されている秘仏の八臂弁才天像が奉安してあった。

「弁才」を梵語でサラスヴァティーという。これは「湖を有する」という意。湖を支配する天女であった弁才天は、仏教の守護神となって、河川・水・学問・音楽へも、司る範囲をひろめた。浅井比咩命はここで、弁才天の応身であると同時に千手観音の垂迹であるという、二重の神格を付与されていることになる。

弁天さまも観音さまも像容は多臂が古形である。行基が第一に八臂の弁才天像を、次いで千手観音像を造立した理由も、この島の成り立ちを思うところに首肯《しゅこう》されてくる。

竹生島をうたう

急斜面の高みに三重塔がみえる。都久夫須麻神社から塔の脚下へ、ジグザグに細い石段が刻まれている。表参道の石段へはもどらず、こちらの石段をのぼる。

三重塔の西がわに、太幹のモチノキが樹冠を張っている。普請奉行の片桐且元が来島、手植えをした木であるという。遮《さえぎ》るものもなく湖面を見わたせるので、私はこのモチノキのあたりに憩うのが好きだ。

三千世界眼前尽　十二因縁心裏空

三千世界は眼《まなこ》の前に尽きぬ。十二因縁は心の裏《うち》に空し――。平安初期の漢詩人、都良香《みやこのよしか》が詠じている。「晩夏、竹生嶋に参りて懐《おも》ひを述《の》ぶ」と左記が添う。

「三千世界」は仏教のいうすべての世界。仏教は人間の苦悩、人間の犯す過ちは、十二の原因から生ずるとする。それらの原因が「十二因縁」である。

良香は、竹生島から湖面を見わたしたとき、あらゆる世界を観じ尽くす思いがしたのであろう。そこに上句がひらめいたが、下句が思い浮かばなかった。下句のほうは夢に示現した弁才天に告げてもらったのだという。

因が果を生み、果が次の因を生む。人間世界はこの繰り返しになりがちだから、悲しいことに、地球上から戦争も無くならない。因にとらわれるな、果にとらわれるな。弁才天は下句で、そのように良香に教えたことになる。

いつのことか。山僧と稚児《ちご》をたくさん連れて竹生島に来た人があった。堂塔の巡拝をおえ、離島しようとする段になって、稚児たちが言う。――この島の修行僧たちは水練に長じているそうです。お坊さんたちの水練をみせてください――。交渉の結果は、若い僧侶が出払っているので

浅井長政の父久政が奉納した弁才天

お生憎《あいにく》と、住僧の返事。一同は稚児たちをなだめて舟に乗った。

舟はすでに沖へ漕ぎ出していた。鮮やかな衣《ころも》で五条袈裟をかけた僧侶が、湖面を足早に歩いて、舟へ近づいて来る。衣の裾《すそ》をたくしあげ、脛《すね》むきだしの恰好。七十歳ばかりの老僧である。——ご所望むなしくお帰りねがうことになって申し訳ない。お詫びに参上つかまつった——。老僧は合掌してきびすを返す。一同は唖《あ》然《ぜん》となった。ようやく、これに過ぎたる水練の見物はないと、湖面を島へ遠ざかりゆく後ろ姿に目を凝らしたのであった。

『古今著聞集《ここんちょもんじゅう》』が拾っている説話である。行基の事跡を大切に、竹生島が修験道場となっていたことが窺《うかが》える。それよりも何よりも、神秘の色をたたえて茫洋《ぼうよう》とひろがる湖面を島の高みから見わたす私には、説話の不思議もありえたことに思えてくる。

寿永二年（一一八三）五月十一日、平家の大軍は倶利伽羅峠《くりからとうげ》で木曽義仲の軍に破れた。この戦いへの北国下向の途次、平経正は四月十八日（現行暦五月十九日）に竹生島をたずねている。

経正は琵琶の名手であった。『平家物語』で知られるとおり、堂塔参拝をおえた経正は、寺僧たちから乞われて社殿にのぼり、琵琶を弾ずる。十八夜の月が湖面を照らし、社壇を飾る瓔珞《ようらく》がきらめくなか、示現したのが弁才天の化身と信じられていた白竜である。寺僧たちは経正に寄り添う白竜を瞼に焼きつけた。

琵琶を弾ずる二臂の弁才天像が新たに造立されたのは、この神変奇特が語り継がれたからかもしれない。

モチノキのあたりに憩うとき、右のような説話・故事を脳裡にしてきた私だが、挙句に小さく口ずさんでしまうのが、謡曲『竹生島』の詞章である。

〽緑樹影《かげ》沈んで、魚《うお》木にのぼる気色《けしき》あり。月海上《かいしょう》に浮かんでは、兎も波を走るか、面白の浦の気色や。

晩春の満月が映える湖面に、竹生島の木々の緑が影をおとし、湖面を泳ぐ魚たちが木々の影を登ろうとしているかのよう。月輪もまた湖面に浮かび揺らいでいるので、月のなかの兎が波を切って走っているかと思える。神秘な島の夕暮れの情景をうたって、なんと美しい詞章かと思う。

〽弁才天は女体《にょたい》にて、その神徳もあらたなる。天女と現じおはしませば、

〽御殿しきりに鳴動して、日月《じつげつ》ひかり耀きて、山の端《は》出づる如くにて、顕《あらわ》れたまふぞ忝《かたじけな》き。

〽そのとき虚空に音楽聞こえ、花ふり下《くだ》る春の夜の、月にかかやく乙

女の袂《たもと》。返すがへすも、面白や。

謡曲のこのような詞章を独りごちたあとは、心理状態がいささか亢進《こうしん》する。私はその亢進をおさえながら本殿にすすみ、秘仏の弁天さまを礼拝してきた。

金鉱を求めて来島した行基

竹生島の地層は石英斑岩なので、以前は水晶が出たそうだ。小学生の私はある小父さんに連れてもらって水晶を採りに渡ったことがある。半透明の、紛らわしい固着のある石しか見つからなかったのだった。

古代インドの宇宙論は、三千世界の一つ、小世界の中心に須弥山《しゅみせん》があって、大海にとりかこまれているという。大海には閻浮提《えんぶだい》とよぶ島が浮かぶ。人間が暮らすこの島には閻浮樹の林を縫って河が流れ、弁才天が司るその河から閻浮檀金《えんぶだんごん》という最高の砂金が採れる。そういうふうに考えられていた。

金銅大仏の造立には貼箔《ちょうはく》する大量の金が要る。この国ではまだ金が産出していない。道をつくり、溝や池を掘り、橋を架けるという福利事業を畿内一円で推進していた行基は、地質に明るかった。竹生島は閻浮提の性質をもっているかもしれない。そう見立てた聖武天皇は、まずこの島の地質を行基に探らせたのであろうと思う。

須弥山をとりかこむ大海の底は、下のほうから、空輪《くうりん》・風輪《ふう》・水輪《すい》・金輪《こん》という順に層をなす。水輪は水晶や瑠璃などが光る層である。宇宙論はみなしていた。

『平家物語』がいみじくも、「閻浮提のうちに湖あり。そのなかに金輪際《こんりんざい》より生《お》ひ出でたる水輪の山あり。天女すむところ」と竹生島を語っている。水晶の山は金輪の際《きわ》から吹き出したのであろう。水晶の下には金鉱がある。行基はそう考え、まず弁才天を祭祀し、弟子たちを畿内各地から動員して試掘をさせたのではないだろうか。

困難な試掘には危険がともなう。弟子たちの危険は観音さまに解除してもらうほかはない。両義的にこの願いも付加されたところに、千手観音像は造立されたのではないかと私は思う。

石山の岡に白い珪灰岩《けいかいがん》の露出を見た良弁も、金輪際から水輪が吹き出していると思ったのかもしれない。竹生島から金は出なかったが、良弁・行基の営為は百済系の同胞の士気を喚起《かんき》し、石山寺で述べたように、陸奥における砂金採取につながったのである。

夏の竹生島は、いつ参拝しても湖面をわたってくる風があって、心地よい。

京都の水道水は琵琶湖の水である。その琵琶湖の水を竹生島の弁天さまと観音さまが守っていてくださる。ちかごろの私はそんなふうにも思うようになっている。

第三十一番・姨綺耶山 長命寺
第三十二番・繖山 観音正寺

渡来人と姨捨推理

長命寺《ちょうめいじ》と観音正寺《かんのんしょうじ》は湖東の霊場。はじめに歴史地理的な展望をしておきたい。

長命寺が伽藍を占めるのは奥島山（三三三メートル）の中腹で、この山は昔、琵琶湖岸に浮かぶ島であったが、いまは近江八幡市から陸つづきになっている。一方、観音正寺は繖山《きぬがさやま》（四三二メートル）のほぼ山頂に位置し、こちらは長命寺の東南東約九キロにあたる。

繖山から長命寺の方角へ瘤《こぶ》のような丘の安土山が分岐している。余談になるが一筆すれば、織田信長は安土山に七囲の城郭と八層の天主閣からなる安土城を築いた。天主閣から西北西へ目をやれば、城郭の足下に琵琶内湖が水をたたえ、前方に緑の奥島山が横たわり、その彼方に琵琶湖一円を見晴るかせたのであったろう。

古代へさかのぼると、奥島山・安土山・繖山の南方に、万葉和歌に詠まれた蒲生野《がもうの》がひろがっていた。長命寺・安土城跡・観音正寺・蒲生野を包摂《ほうせつ》する地域が、旧国郡名で、近江国蒲生郡である。私は『日本書紀』の記述や出土遺物からみて、蒲生郡の低地部は百済・新羅から渡来した人びとが集団入植をした土地だという心証をもっている。彼らは土地なき民として低い階層にとりのこされていた人びとであり、蒲《がま》が生い茂る、雨期には琵琶湖の水が浸食してくる湿原を、必死に開拓して耕地に変え、薬猟《やくりょう》のできる野に変えた。そして、その彼らを入植させた最初の施政者が、「しなてる、片岡山に、飯《いい》に飢《う》ゑて、臥《こや》せる、その旅人《たひと》あはれ」と詠んだ聖徳太子であったのだ。

天智天皇は近江大津京をひらいた翌年（六六八）、弟の大海人皇子《おおあまのみこ》や群臣を連れて蒲生野に薬猟をした。これは額田王《ぬかたのおおきみ》がそのとき、大海人にむかって詠んだ歌である。

あかねさす紫野ゆき標野《しめの》ゆき野守《のもり》は見ずや君が袖振る

染料として重用される以前、紫草が薬草として採取されていた。標野は薬草園である標《しるし》として、みだりに男たちが立ち入らぬよう、標縄《しめなわ》で囲ってあるところ。すでに薬猟場となっていた蒲生野で、女性たちは薬草を摘み、男性たちはこれも薬種である鹿の角《つの》を採るため、鹿を追ったのであろう。大海人皇子の寵をえた額田王は、園城寺で言及した十市皇女《といちのひめみこ》をもうけていた。鹿を追いながらラブコールをする大海人を、野守が見ているではありませんかと、額田王がたしなめている。

さて、長命寺の山号である姨綺耶山《いきやさん》を、縁起は姨綺屋山と伝えていて、これは奥島山の別名であった。

「姨」の字から姨捨山《おばすてやま》と姨捨伝説を連想する人がいらっしゃるだろう。漢字の原義では大切な母親を姨とはよばない。姨は父親の側女《そばめ》とか、一家の構成員であっても主婦権をもたない女性をさす語であった。そこから、一家の生計維持にもはや役立たなくなった老女が「姨」とよばれたのだと思う。

奥島山は一口にいえば老女を遺棄したところで、ここには綺屋（珍しい建物）、すなわち老女を収容する施設がみられたのであろう。その綺屋を建てて一家の姨をおくりこんだのが、蒲生野を開拓する渡来集団の人びとであった。

聖徳太子は推古天皇元年（五九三）に四天王寺を建立した。この翌年から、太子の布令にもとづいて、「君親《きみおや》の恩」にむくいるため、諸国で氏族単位の「仏舎《ほとけのおおとの》」の造立がはじまっている。仏舎すなわち寺院である。長命寺は姨綺屋が仏舎に改まるという形で、蒲生野に入植していた人びとの集合意志で開創されたのであろうと思う。推古二年からさほど下らない開創であった。額田王がくだんの一首を詠んだよりほぼ半世紀さかのぼる年時のことだ。

私は中山寺の項で武内宿祢《たけしうちのすくね》にふれた。宿祢が一人物であれば年齢が三百歳にも達してしまうが、おそらく武内氏の代々の首長が宿祢とよばれたのであろうと書いた。縁起の一本は武内宿祢を不老長寿であった一人物とみなして長命寺の開山としている。というのも、姨綺屋が寺となったから寿命長遠を祈願する信仰が起こったので、宿祢開山はそこにもちこまれた付会であるだろう。「姨綺屋山」は「姨綺耶山」へ推移したが、「耶」は「姨」と同じ立場におかれた老男を意味する。山号が同音異字に変わったのは、霊場巡拝が盛んとなり、長命寺が姨のみならず耶もひとしく参拝する札所となったからだと思われる。

八百八段の石段と檜皮葺の諸堂塔

小学生のころ、私は近所に暮らす初老の小母《おば》さんにねだって、長命寺へ連れてもらったことが二回ある。

子も孫もない小母さん夫婦に私は可愛がってもらっていた。最初のときは、余所行きの着物姿でわが家の前へさしかかった小母さんと、確かこんなやりとりをした。——おばちゃん、どこゆくの——長命寺へお参りするの——連れてって——お母ちゃんが、ええ、いうなら——ほな、きいてくる——。母がう

長命寺の長い石段

なずいてくれたので、靴だけを履きかえて家をとび出したのを、かすかに憶えている。

浜大津から琵琶湖汽船に乗った。水泳場の近江舞子などへは、豪華船のみどり丸と京阪丸が就航していたが、長命寺行はおんぼろ小汽船で、客席は船内も上甲板も茣蓙《ござ》敷きであったように思う。湖岸に葦が茂っていた。船は木の桟橋に着いた。陸へあがった目の前に石段が待っていた。

船に乗り合わせていた人たちは、ほとんどが長命寺参りであった。皆でぞろぞろ石段をのぼった。山の林相が深く、木々の根方を刻む石段は暗く長かった。駆けあがっては振り返り、着物の裾をたくしあげて段石を踏んで来る小母さんを待った。

長命寺の石段は八百八段。自然石を無造作に打ちこんであるところもあって、歩き易いとはいえない。その結構は現在も、小学生の私がのぼったころと変わっていないように思う。変わった点といえば、便船が無くなってJR近江八幡駅から石段下までバスが来ていること、マイクロバス程度までなら乗り入れ可能な自動車道が伽藍のすぐ脚下まで通じたことであろうか。

石段のきわまりに、砦《とりで》を思わせるような、屋根のない冠木門《かぶきもん》が立つ。この木戸をくぐった石垣の上に、入母屋造りの大きな本堂が現われる。

長命寺は永正十三年（一五一六）に兵火にかかり、全堂塔を失ったことがある。本堂は大永二年（一五二二）に再建された。正面七間・側面六間、単層で低く、深い庇《ひさし》が伸びのび張り出している。私は檜皮葺でしめやかなこの本堂のたたずまいに魅せられてきた。

吹き抜けの外陣《げじん》がひろく取ってある。内陣の須弥壇上、閉扉《へいひ》されている厨子《ずし》の正面に、お前立ちの千手観世音菩薩立像を拝する。

厨子は三十三年に一度ひらかれるが、中央に千手観音像、向かって右に十一面観音像、左に聖観音像がお立ちになっているという。案内書の類が本尊を「千手十一面聖観音」と記しているのは、厨子内三立像を一体の本尊とみているからであろう。

三尊はいずれも重文。研究者の調査記録は、十一面観音像を最も古く平安中期の作、中尊の千手観音像を平安末期、聖観音像を鎌倉初期の作とみなしている。

推古年間に開創された姨綺屋山の仏舎は、星霜を経て衰微のみちをたどっていた。その仏舎が承和三年（八三六）、頼智《らいち》という僧の勧進行脚《かんじんあんぎゃ》によって再興された。縁起によれば、頼智は蒲生郡に隣接する野洲郡出身の天台僧であったらしい。現存する十一面観音像を造立、長命寺をひろく湖東一円の民衆に開放したのもこの僧ではなかったか。十一面観音像はそこで、無病息災・長寿祈願の観音霊場となった長命寺の、最初の本尊であっただろうと思われる。

この霊場は比叡山西塔の別院となったが、鎌倉幕府の基礎が定まった元暦元年（一一八四）、源頼朝の命をうけた近江守護の佐々木氏によって、堂塔がさらに再興されている。現中尊の千手観音像および聖観音像は、おそらくこの再興期に、相次いで造立安置されたのだとみておきたい。

三重塔が本堂を荘厳《しょうごん》している。本堂の左へ目をやれば、三仏堂・護法権現社・鐘楼・如法行堂などが、緑崖を背に点々と建っている。三仏堂には弥陀・薬師・釈迦の三立像が安置してある。これらの諸堂塔すべての屋根が檜皮葺である。緑林に融けこむ檜皮のやさしい色合いが、平生の安らいを観音さまが約束してくださっている証しのように思えてくる。

私に檜皮葺の堂塔群をはじめて見せてくれた小母さんは、昭和の戦後に親戚筋から後継ぎをむかえ、仕合わせな晩年であった。

人魚伝説と聖徳太子を偲ぶ寺

長命寺から観音正寺《かんのんしょうじ》をめざした往日の巡拝の徒は、安土城跡を至近にみながら、北西がわから繖山《きぬがさやま》へ参道をのぼったという。お参りをすませたあとは、繖山南麓の石寺《いしでら》集落へ、南の参道をくだったようだ。

昔の貴人は外出するさい、絹張りで柄の長い丸傘を従者に差しかけてもらった。それを「衣《きぬ》笠《がさ》」という。「繖」は衣笠と同意。繖山は南からみる山容が整っていて美しい。南麓をJR新幹線が通過する。車窓からあおぐ山容がまさしく衣笠のよう。蒲生野を開拓した人びとは、百済・新羅の高官たちがかざしていた繖を連想したのであろうか。

観音正寺にはかつて人魚のミイラが保存されていたが、それについて伝説がある。

聖徳太子が湖東の人びとの暮らしぶりを視察したとき、人でもない魚でもない、不思議な姿をした生物が現われて、訴えたという。――わたしは琵琶湖の漁師でしたが、仏法を信じないで殺生を重ねたため、こんな姿になり、毎日、水中で魚に血を吸われて苦しんでいます。太子さまが仏堂を建て、観音さまをお祀りしてくださったら、わたしはこの苦しみから解放されるかもしれません――。太子は人魚の願いを聞き入れて繖山に仏堂を建て、千手観音像を安置されたが、それが観音正寺のおこりである、と。

私は人魚のミイラを実見している。それは魚ではあるが手足のあとをとどめる、全身をうろこに被われた、得体のしれない生物であった。

伝説はあながち虚妄ではない。『日本書紀』の推古二十七年（六一九）四月条に、このようにみえるからだ。

　夏四月四日、近江国言。於蒲生河有物、其形如人。

蒲生河はいま日野川とよばれている。古代の流路もさほど変わらず、蒲生野を斜めに貫いて琵琶湖へ注いでいたのであろう。近江国から、蒲生河に人のごとき形をしたものが存在する、と上奏があったのだ。これに朝廷は執達《しったつ》を返して、蒲生野に入植していた人びとが怪物を捕獲したのではあるまいか。聖徳太子は翌推古二十八年二月二十二日に崩じている。太子は渡来層の人たちに手厚い施策をとったから、観音さまの化身であると慕われていた。蒲生野の入植に太子の加護をえたことを肝に銘じていた人びとは、繖山に仏堂を建てて観音像を造立、太子の菩提を弔い、

観音正寺門前

一方でくだんの怪物をも供養したという経過が考えられる。

さて、観音正寺を、行尊は十九番、覚忠は二十番札所としたのだが、応仁の乱のころ、佐々木氏の分かれである六角氏が繖山上に観音寺城を築いたため、この霊場は南麓の石寺へ移転を余儀なくされた。

永禄十一年（一五六八）九月、織田信長は観音寺城に立て籠った近江国主の六角義賢を攻めた。ポルトガル人宣教師フロイスは自著『日本史』に、観音寺城を「人間の考えでは陥落しそうに思えない」堅固な城であったと書いている。信長はその城を多大な人命を犠牲に攻め落とした。思えば、観音寺城を築いていた石材がそっくり安土城構築の用材となったのであろう。廃城のあとに観音正寺がもどったのは慶長十一年（一六〇六）である。

繖山東麓の五個荘《ごかのしょう》町から、大型車の乗入れはできないが、山上近くまで、自動車道が通じている。南麓の石寺からの表参道を、全霊場中もっとも骨が折れる登りだとおっしゃる人が多い。私は安易だけれども、ドライブに依存してきた。

山上駐車場から五分ばかり林間を歩く。木の根が巻き朽ち葉に埋もれた堡塁《ほるい》の跡をここかしこに認める。林が切れると伽藍が出現した。本堂は彦根城で欅御殿《けやきごてん》とよばれたという建物の移築で、たたずまいに気品があった。

その観音正寺本堂がじつは、平成五年九月に焼失したのだ。室町期の作とされていた本尊の千手観世音菩薩立像も、人魚のミイラも、同時に烏有《うゆう》に帰してしまった。

平成十年にたずねたときは、本堂の跡に礎石だけが露呈し、うら悲しい空虚さが漂っていたものだ。プレハブの仏所が設置してあった。——インド政府の支援で香木の白檀材がもたらされた。その白檀材で現在、像高七メートルの十一面千手千眼観世音菩薩立像が、大仏師の松本明慶師によって謹刻されている——。そういう趣意の貼り出しを読んだ。

その後、私は新幹線で繖山の麓を通過するたび、山上に目をあててきた。山頂のわずか下、緑林のなかに、工事用のシートに覆われた一画を車窓から見出したとき、本堂の再建がはじまっているのだと、意をつよくした。私は京都から名古屋へかようことが何回かあった。そのたびに見たシートがようやく取れて、新本堂は平成十五年十月に落慶した。

新本尊は現在、山の仏所から大仏師の京都の工房へ移安されているという。貼箔《ちょうはく》など最終の仕上げがなされているのかと愚考する。この新本尊は十六年五月二十二日に新本堂に奉安され、開眼法会が営まれるそうである。

第三十三番・谷汲山 華厳寺

結願寺への歴史

華厳寺《けごんじ》は、濃尾平野を流れる揖斐川《いびがわ》の上流、妙法岳の南東麓に位置している。ここはJR大垣駅から真北へおおよそ十八キロという山里だ。

行尊・覚忠の「巡礼記」にみる三十三所巡拝の最終の札所は三室戸寺《みむろどじ》である。成相寺《なりあいじ》・松尾寺《まつのおでら》・竹生島《ちくぶしま》・華厳寺・観音正寺《かんのんしょうじ》・長命寺・三井寺《みいでら》という順に、行尊・覚忠は霊場をめぐっている。言い換えれば、華厳寺を、行尊は十八番目に、覚忠は十九番目におとずれている。この順番が改まり、華厳寺が結願《けちがん》の札所と定まったのは、江戸時代のはじめであったろうか。

中世の近江では、湖北東岸の早崎が竹生島へ渡る表の港であった。早崎には現在も竹生島宝厳寺《ほうごんじ》の一の鳥居がみられる。湖北では渡岸寺《とがんじ》の十一面観音像が美的鑑賞の対象となってつとに名高いのだが、この像を安置する現在の観音堂が早崎から遠くない。現在地へ移って観音堂のみをとどめるそれ以前の渡岸寺は、竹生島へ渡る岸の寺という意味をもっていたのではなかったか。行尊・覚忠の順路にならった中世の巡拝の徒は、松尾寺から若狭街道を湖北西岸の今津へ出たかと思う。今津が竹生島へ渡る裏の港であった。今津から竹生島へ、竹生島から早崎へと、巡拝の徒は船路をとったのであろう。そして、渡岸寺の観音像を拝したあと、伊吹山の裏を巻く巡礼みちを華厳寺へ至ったのではないかと、私はそういう心証をもっている。

華厳寺から順路がふたたび西へ向かったのは、初期の三十三所巡拝が近畿圏に暮らす人びとを中心になされていたことの証左ともいえる。その霊場巡拝がおいおい全国の人びと、とくに関東圏の人びとに知られるところとなっていった。江戸時代、関東圏の人びとに伊勢参りがひろまったが、軌を同じくして霊場巡拝も盛行をみたのである。東国の人たちにとっては、華厳寺で結願をし、巡礼衣を脱いで帰路につくのが、旅程として理想にかなっていた。そういうところに、現在の巡拝順路はおのずから定まったのであろう。

現代はさらに、モータリゼーションが巡拝の様相を変えている。華厳寺の西北西四キロの深い山中に、「美濃の正倉院」とよばれる横蔵寺《よこくらじ》がある。自動車道が通じたので、ここに立ち寄られる巡拝者が多い。私も横蔵寺に魅せられている一人である。

比叡山に天台宗をひらいた最澄は薬師如来像を根本中堂の本尊として造立したのだが、余材でいま一体の薬師像を彫らせたという。そして、美濃のこの山奥に在地の長者が建立した寺院に、その兄弟像のほうが安置されていた。二体の薬師像となったのは、この地で知られた霊木であったからであろう。

最澄は延暦二十三年（八〇四）に入唐、翌年、天台山の道邃《どうずい》から金銅の小薬師像をもらって帰国した。その小金銅像がこの地の兄弟像のほうの胎内へ、横腹部から蔵《おさ》められた。横蔵寺という名がそこに生まれている。

元亀二年（一五七一）、比叡山延暦寺は織田信長に全山の堂塔を焼かれた。最澄造立の薬師如来像も焼失した。天正十三年（一五八五）に再興された根本中堂にはこちらの兄弟像が本尊として移安された。横蔵寺へは同十七年に、京都洛北から現在の本尊である薬師坐像（秘仏）がもたらされたという。

このような来歴をもつ横蔵寺であるから、寺宝が多い。宝物殿には重文の彫像が二十二体、ずらりと並ぶ。なかで、智拳印を結ぶ金剛界の大日如来坐像のなんとうるわしいお姿であることか。心が洗われる。観音さまが三十三身に応現するという、その一体と考えてよい、珍しい深沙《じんじゃ》大将《だいしょう》の忿怒《ふんぬ》の形相も瞼によみがえってくる。

湧き出した石油

華厳寺は「谷汲山《たにぐみさん》根元由来記」という寺伝にみるところ、延暦十七年（七九八）の創建である。横蔵寺に薬師兄弟像の一体が安置されたのは延暦二十年（八〇一）であったと伝わるから、時節の近接に暗示を感ずる。当時のこの地方に最澄が提唱する天台一乗思想が急速に浸透、沸騰をみせはじめていたのであろう。横蔵寺と同様、華厳寺も創建以来、天台宗に属してきている。

奥州会津の商人で大口大領という長者があった。大領は京都へ赴き砂金一千両を投じて十一面観音の立像を造立したのだが、郷里へもち帰る途中のその尊像が、赤坂（現大垣市）で動かなくなった。――ここから北五里に有縁の地がある。そこまで随うように――。大領は尊像の発する声とも聞こえる啓示をえた。そこで、在地する豊然《ぶねん》という僧の力をかりて、大領は現在地に尊像を安置する寺院を起こすことになったという。

延暦年中、堂塔建立の整地がすすむさなかであった。掘削した岩場から石油が湧き出した。観音堂が落慶すると、谷々に暮らす衆徒たちがその油を汲み、本尊として安置された十一面観音像の常灯とした。谷汲山という山号は、そこに由来するという。ちなみに、寺名のほうも、開基となった豊然が尊像に華厳経を記したという伝えに由来する。

尊像は「谷汲観音」とよばれて広く知れわたるところとなった。「三十三所観音拝みたてまつらむとて所々に参りはべりけるとき、美濃の谷汲にて油の出づるを見て詠みはべりける」と詞書《ことばがき》をもつ、覚忠のこの一首が『千載集』に採られている。

世を照らす仏のしるしありければまだともし火も消えぬなりけり

覚忠の「巡礼記」が成立をみたのは応保元年（一一六一）である。──仏の霊験があるからこそ、今も灯明は消えないでいてくれるのだなァ──。覚忠が感懐に浸っている。細々であったかもしれないが、石油はなお湧きつづけていたのだ。

今日の華厳寺は結願の霊場にふさわしく門前通りが明るい賑わいをみせている。緩やかな勾配で真直ぐのぼる門前通りの奥つかたに、妙法岳の緑を背にする仁王門が迫ってくる。

仁王門をくぐれば木立が深い。百八基の石灯籠が両がわに並ぶ参道をゆく。「南無十一面観世音菩薩」と染め抜かれた色とりどりの奉納旗が、木立に寄り添ってひるがえる。石段をのぼって正面の本堂へ。

二メートル余のお前立ちを拝する。大口大領が造立した立像は七尺五寸であったという。その尊像が今も秘仏の本尊となって中央の仏龕《ぶつがん》にいらっしゃるのであろう。お前立ちは像高まで秘仏の本尊と寸分たがわぬ造りなのではないだろうか。

本堂をめぐる回廊から周囲を見わたすと、境内はおおよそ山腹を切りひらいた三段の台地から成っているのが分かる。

本堂が建つのは中の台地だ。ここに苔の水地蔵堂・笈摺堂《おいずるどう》・三十三所観音堂などがある。

下の台地に、本坊・元三大師堂《がんざんだいし》・一切経堂・鐘楼・放生池《ほうじょういけ》などがみられる。

上の台地には、満願堂・護摩堂・阿弥陀堂など。さらに山中深くに奥の院が建つ。

回廊を本堂の裏へまわれば苔の水地蔵堂である。滾々《こんこん》と湧き出る水に濡れて苔むした石の地蔵が迎えてくださる。回廊をさらにたどって本堂の左、笈摺堂に至る。

笈摺《おいずる》は巡礼者が着衣のうえに羽織る、袖のない薄い衣。往日は笈（経典・旅具などを入れて背負った箱）が擦《す》れるので、背中が痛んだそうだ。笈摺はその擦れをやわらげる衣であった。御詠歌に「いままでは親とたのみし笈摺を脱ぎておさむる美濃の谷汲」とうたわれている。笈摺堂には、笈摺ばかりか菅笠《すげがさ》・杖をまで奉納する巡礼者があった。それは長い日数をついやして道中を完歩し宿願を達成した、歓喜の表現行為でもあったのであろう。

私は初参をしたとき、この御堂の予期せぬ光景に圧倒されてしまった。笈摺・菅笠・杖なども目につきはしたが、それよりも何よりも、驚いたのは折鶴の数だ。まるで噴水のごとく折鶴が堂内に充ち溢れている。千羽鶴の奉納は昭和の戦後から始まったらしい。しかも、奉納は今も増えつづけているそうである。

三十三所観音堂に全霊場本尊のミニチュア像が並ぶ。それぞれの像容と誼《よし》みをふかめ、巡拝をした日々をふりかえりつつ、上の

結願の霊場、華厳寺の笈摺堂

台地の満願堂へ。

私は寒い時季には温暖なところへ、暑い時季には涼しいところへ、順番にとらわれない随意な霊場巡拝をしてきたのだが、ここ華厳寺は最後におとずれている。

最初の満行をしたとき、満願堂の向拝《こうはい》の下に、浅碗型の響銅器、磬《きん》が具えてあるのを見出した。撞《つ》かせてもらった磬の、なんと澄んだ、余韻のある音色であったことか。ああ、観音さまのおかげで無畏をいただき、この安らかなひびきを聞き分けられるのだと、そんな思いに浸ったものである。

数年を経て、ふたたびおとずれた華厳寺だが、同じところに同じ磬が具えてあった。今、私の耳底には、二度目に撞いた、いっそう優しく心に叶った、澄みとおった磬の音がよみがえってくる。

観音さまの功徳

さて、三十三所の霊場をめぐる折々のみちすがら、観音さまをたたえる偈文を私はしばしば思い起こし、ときにそれを声に出して呟《つぶや》いたりもした。紀行の結びとしてその偈文を記しておきたい。いずれも「観世音菩薩普門品《ふもんぼん》」でおぼえた一節である。

まず、この十五文字が私の頭によく浮かんだのだった。

聞名《もんみょう》及《ぎゅう》見身《けんしん》　心念《しんねん》不空過《ふくうか》　能滅《のうめつ》諸有苦《しょうく》

「観音さまの名を聞き、そのお姿をよく見、空しく日々を過ごすことなく心に観音さまを念じよう。観音さまはあらゆる苦しみを消してくださる」

こういう偈文も思い起こした。

衆生《しゅじょう》被困厄《びこんやく》　無量《むりょう》苦逼身《くひっしん》　観音《かんのん》妙智力《みょうちりき》　能救《のうく》世間苦《せけんく》

「わたしたちが災厄《さいやく》をこうむり、はかり知れない苦しみが身に迫るとも、観音さまは妙智の力で、この世に暮らす生活苦を取り除いてくださる」

さらに、この偈文も。

真観《しんかん》清浄観《しょうじょうかん》　広大智慧観《こうだいちえかん》　悲観《ひかん》及《ぎゅう》慈観《じかん》　常願《じょうがん》常瞻仰《じょうせんごう》

「真観に清浄観、広大智慧観、悲観ならびに慈観。観音さまのこの五観に照らされることを常に願い、観音さまを常に仰ぎ尊ぼう」

真観・清浄観・広大智慧観・悲観・慈観を合わせて五観という。観音さまはこの五観でこの世のわたしたちを見守っていてくださるから、観世音菩薩なのである。

真観は万象《ばんしょう》を正しく見るおこない。清浄観は、真観をつちかうところに浄化された、何ものにも執着しないすがすがしい心で、万象の内面までをも見透すおこないというべきか。世界は万象が寄り合うところに成り立っているが、広大智慧観はさらに、万象が寄り合うその世界を、あるべき本来の姿に正すおこないといってよいのではないかと思う。観音さまはそのうえ、わたしたちの身代りとなって苦しみを受けようとする悲観で、わたしたちに悦びと恵みを与えようとする慈観で、わたしたちを凝視《みつ》めてくださっている。

振り返れば、三十三所各霊場の来歴を知ったところに、いろいろと感懐もまたよみがえってくる。菩薩とは、四弘誓願《しぐせいがん》といい、四種の誓いを立てて、成仏つまり如来となるための修行をつづけている存在といわれる。衆生無辺誓願度《しゅじょうむへんせいがんど》（誓って生命あるすべてのものを救おう）、煩悩無数誓願断（誓ってすべての迷いを断とう）、法門無尽誓願学（誓ってすべての教えを学ぼう）、仏道無上誓願成（誓って至上の悟りに到達しよう）。これが四弘誓願である。

観音さまはこのうちとくに「衆生無辺誓願度」をめざされ、すでにこの一つだけは完全に成就されている菩薩なのである。その結果、観音さまは三十三身に応現して、衆生を救う方便をみせられる。

たとえば、粉河《こかわ》の童男《どうなん》を思い起こす。私は童男が山林修行をきわめて観音さまの域までのぼりつめたとみたのであったが、もしかすれば、あの童男などが、観音さまの霊妙自在な応現そのものであったのかもしれない。

わたしたちの遠い祖先は、山々に坐《いま》す神霊をこの国をつくった父と仰ぎ、観音さまを母と頼んできた。国づくりの祖母・伊弉那美尊を千手観音の、国づくりの母・天照大神を十一面観音の、それぞれ垂迹《すいじゃく》であると信じ、この国に両義性の和の宗教価値観を成立させた上古代の人びとの、なんとうるわしい心性であったことか。

仏教がおおやけに伝わるより早く、観音さまを心に念じるインド僧が熊野の浜に揚陸した。南法華寺の開山にあたる弁基《べんき》、播磨の清水寺・一乗寺をひらいた法道もインド僧である。金剛宝寺をおこした為光《いこう》、松尾寺をおこした威光は唐から渡来した。龍蓋寺《りゅうがいじ》の義淵《ぎいん》は百済から帰化した市往《いき》氏に育てられ、石山寺の良弁《ろうべん》・竹生島の行基も百済人の血を引いている。良弁・行基が出なかったならば大仏造立はありえなかった。なんとこの国はアジアの人びとから恩恵をうけていることか。私は霊場を巡拝したことによって、アジアの国々、とりわけ一衣帯水とまでいう中国・韓国との交流を疎かにしてはならないと改めて痛感させられている。

古代の日本人は、観世音菩薩という存在を知ったところに深い山々に分け入り、心身を鍛練したが、正法寺《しょうぼうじ》をひらいた泰澄《たいちょう》、善峯寺の源算、勝尾寺の善仲・善算・開成《かいじょう》皇子、圓教寺をひらいた性空《しょうくう》など、なんと清らかな古徳たちであったことか。

観音霊場をもつ山々のすべてが清らかでうるわしい。山々の様相そのものを、永遠の過去から発せられている、観世音菩薩の施しの姿そのものであるかとさえ感じてしまう。山々の霊場で観音さまの功徳にふれたい。私はまだまだ、好日をえらんで、順番などにとらわれない随意な霊場巡拝をつづけてゆきそうである。

西国三十三観音霊場一覧

●山号・寺号・〈通称・別称〉・宗派・本尊
ご詠歌・所在地・連絡先電話

第一番　那智山　青岸渡寺〈那智山寺〉　天台宗／本尊―如意輪観世音菩薩
〽ふだらくや　きしうつなみは　みくまのの　なちのおやまに　ひびくたきつせ
和歌山県東牟婁郡那智勝浦町那智山　☎〇七三五―五五―〇四〇四

第二番　紀三井山　護国院金剛宝寺〈紀三井寺〉　救世観音宗／本尊―十一面観世音菩薩
〽ふるさとを　はるばるここに　きみいでら　はなのみやこも　ちかくなるらん
和歌山市紀三井寺町一二〇一　☎〇七三四―四四―一〇〇二

第三番　風猛山　粉河寺　粉河観音宗／本尊―千手千眼観世音菩薩
〽ちちははの　めぐみもふかき　こかわでら　ほとけのちかい　たのもしのみや
和歌山県那賀郡粉河町粉河二七八七　☎〇七三六―七三―三二五五

第四番　槇尾山　施福寺〈槇尾寺〉　天台宗／本尊―十一面千手千眼観世音菩薩
〽みやまじや　ひばらまつばら　わけゆけば　まきのおでらに　こまぞいさめる
大阪府和泉市槇尾山町一三六　☎〇七二五―九二―二三三二

第五番　紫雲山　葛井寺　真言宗御室派／本尊―十一面千手千眼観世音菩薩
〽まいるより　たのみをかくる　ふじいでら　はなのうてなに　むらさきのくも
大阪府藤井寺市藤井寺一―一六―二一　☎〇七二九―三八―〇〇〇五

第六番　壷阪山　南法華寺〈壷阪寺〉　真言宗豊山派／本尊―十一面千手観世音菩薩
〽いわをたて　みずをたたえて　つぼさかの　にわのいさごも　じょうどなるらん
奈良県高市郡高取町壷阪三　☎〇七四四―五二―二〇一六

第七番　東光山　龍蓋寺〈岡寺〉　真言宗豊山派／本尊―如意輪観世音菩薩
〽けさみれば　つゆおかでらの　にわのこけ　さながらるりの　ひかりなりけり
奈良県高市郡明日香村岡八〇六　☎〇七四四―五四―二〇〇七

第八番　豊山　長谷寺〈初瀬寺〉　真言宗豊山派／本尊―十一面観世音菩薩
〽いくたびも　まいるこころは　はつせでら　やまもちかいも　ふかきたにがわ
奈良県桜井市初瀬町七三一―一　☎〇七四四―四七―七〇〇一

第九番　興福寺南円堂　法相宗／本尊―不空羂索観世音菩薩
〽はるのひは　なんえんどうに　かがやきて　みかさのやまに　はるるうすぐも
奈良市登大路町四八　☎〇七四二―二四―四九二〇

第十番　明星山　三室戸寺〈御室戸寺〉　本山修験宗／本尊―千手観世音菩薩
〽よもすがら　つきをみむろと　わけゆけば　うじのかわせに　たつはしらなみ
京都府宇治市菟道滋賀谷二一　☎〇七七四―二一―二〇六七

第十一番　深雪山　上醍醐寺　真言宗醍醐派／本尊―准胝観世音菩薩
〽ぎゃくえんも　もらさですくう　がんなれば　じゅんていどうは　たのもしきかな
京都市伏見区醍醐醍醐山一　☎〇七五―五七一―〇〇二九

第十二番　岩間山　正法寺〈岩間寺〉　真言宗醍醐派／本尊―千手観世音菩薩
〽みなかみは　いずくなるらん　いわまでら　きしうつなみは　まつかぜのおと
滋賀県大津市石山内畑町八二　☎〇七七五―三四―一二四一二

第十三番　石光山　石山寺　東寺真言宗／本尊―如意輪観世音菩薩
〽のちのよを　ねがうこころは　かろくとも　ほとけのちかい　おもきいしやま
滋賀県大津市石山寺一―一―一　☎〇七七五―三七―〇〇一三

第十四番　長等山　園城寺〈三井寺〉　天台寺門宗／本尊―如意輪観世音菩薩
〽いでいるや　なみまのつきを　みいでらの　かねのひびきに　あくるみずうみ
滋賀県大津市園城寺町二四六　☎〇七七五―二四―二四一六

第十五番　新那智山　観音寺〈今熊野〉　真言宗泉涌寺派／本尊―十一面観世音菩薩
〽むかしより　たつともしらぬ　いまくまの　ほとけのちかい　あらたなりけり
京都市東山区泉涌寺山内町三二　☎〇七五―五六一―五五一一

第十六番　音羽山　清水寺　北法相宗／本尊―十一面千手千眼観世音菩薩
〽まつかぜや　おとわのたきの　きよみずを　むすぶこころは　すずしかるらん
京都市東山区清水一―二九四　☎〇七五―五五一―一二三四

第十七番　補陀洛山　六波羅蜜寺　真言宗智山派／本尊─十一面観世音菩薩

〽おもくとも　いつつのつみは　よもあらじ　ろくはらどうへ　まいるみなれば

京都市東山区松原通大和大路東入ル二丁目轆轤町　☎〇七五─五六一─六九八〇

第十八番　紫雲山　頂法寺〈六角堂〉　天台系（単立）／本尊─如意輪観世音菩薩

〽わがおもう　こころのうちは　むつのかど　ただまろかれと　いのるなりけり

京都市中京区六角通東洞院西入ル堂の前町二四八　☎〇七五─二二一─六九五〇

第十九番　霊麀山　行願寺〈革堂〉　天台宗／本尊─千手観世音菩薩

〽はなをみて　いまはのぞみも　こうどうの　にわのちぐさも　さかりなるらん

京都市中京区寺町通竹屋町上ル行願寺門前町一七　☎〇七五─二一一─二七七〇

第二十番　西山　善峯寺　天台宗／本尊─千手観世音菩薩

〽のをもすぎ　やまじにむかう　あめのそら　よしみねよりも　はるるゆうだち

京都市西京区大原野小塩町一三七二　☎〇七五─三三一─〇〇二〇

第二十一番　菩提山　穴太寺〈穴穂寺〉　天台宗／本尊─聖観世音菩薩

〽かかるよに　うまれあうみの　あなうやと　おもわでたのめ　とこえひとこえ

京都府亀岡市曽我部町穴太東ノ辻四六　☎〇七七一─二二─〇六〇五

第二十二番　補陀洛山　総持寺　高野山真言宗／本尊─千手観世音菩薩

〽おしなべて　おいもわかきも　そうじじの　ほとけのちかい　たのまぬはなし

大阪府茨木市総持寺一─六─一　☎〇七二六─二二─三二〇九

第二十三番　応頂山　勝尾寺　高野山真言宗／本尊─十一面千手観世音菩薩

〽おもくとも　つみにはのりの　かちおでら　ほとけをたのむ　みこそやすけれ

大阪府箕面市粟生間谷二九一四　☎〇七二七─二一─七〇一〇

第二十四番　紫雲山　中山寺〈中山観音〉　真言宗中山寺派／本尊─十一面観世音菩薩

〽のをもすぎ　さとをもゆきて　なかやまの　てらへまいるは　のちのよのため

兵庫県宝塚市中山寺二─十一─一　☎〇七九七─八六─六五一七

第二十五番　御嶽山　清水寺　天台宗／本尊─千手観世音菩薩

〽あわれみや　あまねきかどの　しなじなに　なにをかなみの　ここにきよみず

兵庫県加東郡社町平木一一九四　☎〇七九五─四五─〇〇二五

第二十六番　法華山　一乗寺　天台宗／本尊─聖観世音菩薩

〽はるははな　なつはたちばな　あきはきく　いつもたえなる　のりのはなやま

兵庫県加西市坂本町八二一─一七　☎〇七九〇─四八─二〇〇六

第二十七番　書写山　圓教寺　天台宗／本尊─如意輪観世音菩薩

〽はるばると　のぼればしょしゃの　やまおろし　まつのひびきも　みのりなるらん

兵庫県姫路市書写二九六八　☎〇七九二─六六─三三二七

第二十八番　成相山　成相寺　高野山真言宗／本尊─聖観世音菩薩

〽なみのおと　まつのひびきも　なりあいの　かぜふきわたす　あまのはしだて

京都府宮津市成相寺三三九　☎〇七七二─二七─〇〇一八

第二十九番　青葉山　松尾寺　真言宗醍醐派／本尊―馬頭観世音菩薩
〽そのかみは　いくよへぬらん　たよりをば　ちとせもここに　まつのおのてら
京都府舞鶴市松尾五三二　☎〇七七三―六二―二九〇〇

第三十番　巌金山　宝厳寺〈竹生島〉　真言宗豊山派／本尊―千手千眼観世音菩薩
〽つきもひも　なみまにうかぶ　ちくぶしま　ふねにたからを　つむここちして
滋賀県東浅井郡びわ町字早崎一六六六　☎〇七四九―六三―四四一〇

第三十一番　姨綺耶山　長命寺　天台系（単立）／本尊―千手十一面聖観世音菩薩
〽やちとせや　やなぎにながき　いのちでら　はこぶあゆみの　かざしなるらん
滋賀県近江八幡市長命寺町一五七　☎〇七四八―三三―〇〇三一

第三十二番　繖山　観音正寺　天台系（単立）／本尊―十一面千手千眼観世音菩薩
〽あなとうと　みちびきたまえ　かんのんじ　とおきくにより　はこぶあゆみを
滋賀県蒲生郡安土町石寺二　☎〇七四八―四六―二五四九

第三十三番　谷汲山　華厳寺　天台宗／本尊―十一面観世音菩薩
〽よろずよの　ねがいをここに　おさめおく　みずはこけより　いずるたにぐみ
岐阜県揖斐郡谷汲村徳積二三　☎〇五八五―五五―二〇三三

―西国三十三観音霊場マップ―

❶青岸渡寺
❷紀三井寺
❸粉河寺
❹施福寺〈槇尾寺〉
❺葛井寺
❻壷阪寺
❼岡寺
❽長谷寺
❾興福寺南円堂
❿三室戸寺
⓫上醍醐寺
⓬岩間寺
⓭石山寺
⓮園城寺〈三井寺〉
⓯観音寺〈今熊野〉
⓰清水寺
⓱六波羅蜜寺
⓲頂法寺〈六角堂〉
⓳行願寺〈革堂〉
⓴善峯寺
㉑穴太寺
㉒総持寺
㉓勝尾寺
㉔中山寺
㉕清水寺
㉖一乗寺
㉗圓教寺〈書写山〉
㉘成相寺
㉙松尾寺
㉚宝厳寺〈竹生島〉
㉛長命寺
㉜観音正寺
㉝華厳寺〈谷汲山〉

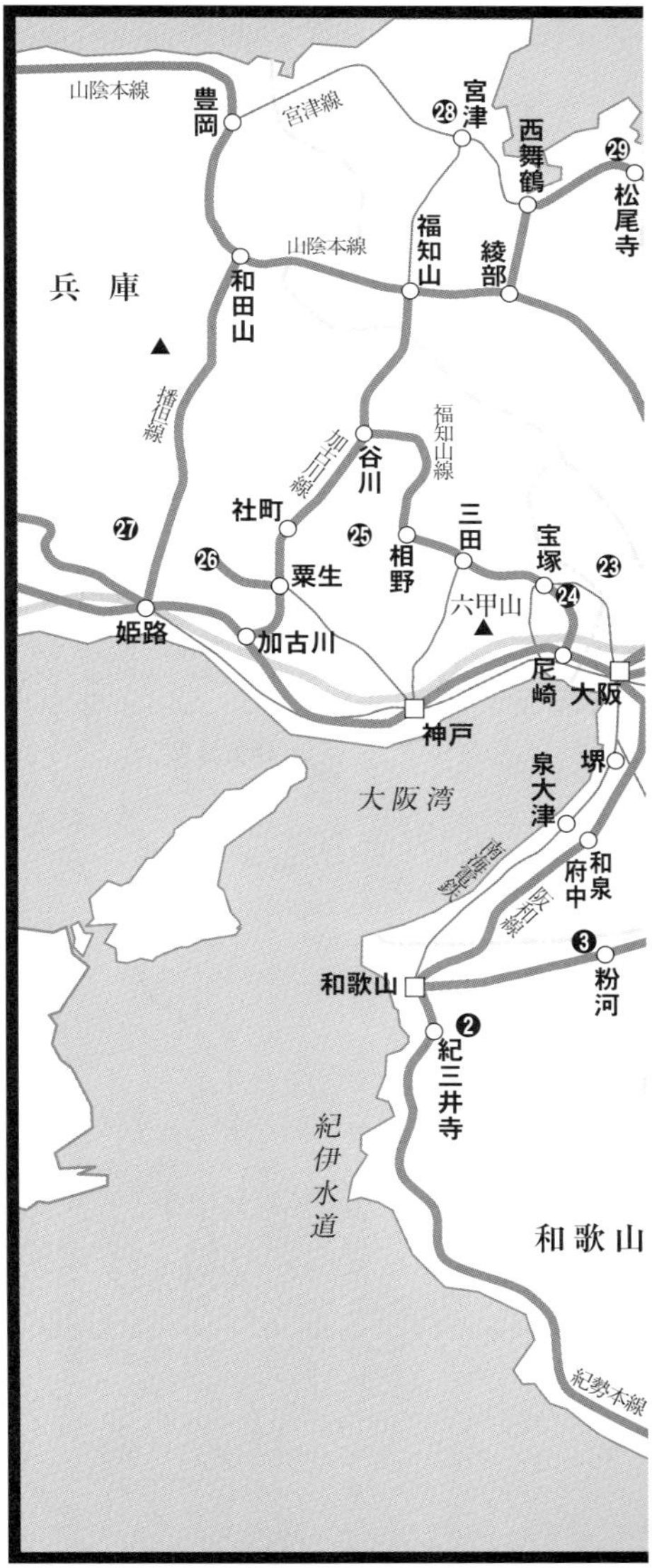

本書は『大法輪』に平成十四年四月号から平成十六年四月号にかけて連載しました。序文に代えた「日本人と観音さま」は、同じく『大法輪』平成十五年三月号の「観音さま」特集に書いた文です。雑誌連載時も今回の上梓にあたっても、小山弘利氏から懇切な配慮をたまわったことを、追記いたします。

合掌

平成十六年四月吉日　　松本章男

同じ著者によって

京の裏道（平凡社）
四季の京ごころ（筑摩書房・京都書院）
京都の阿弥陀如来（世界聖典刊行協会）
京都うたごよみ（集英社）
京の手わざ（学芸書林）
京都で食べる京都に生きる（新潮社）
小説・琵琶湖疏水（京都書院）
メジロの玉三郎（かもがわ出版）
京都百人一首（大月書店）
美しき内なる京都（有学書林）
親鸞の生涯（大法輪閣）
京料理花伝（京都新聞社）
古都世界遺産散策（京都新聞社）
花鳥風月百人一首（京都新聞社）
法然の生涯（大法輪閣）
京の恋歌　王朝の婉（京都新聞社）
京の恋歌　近代の彩（京都新聞社）
京都　花の道をあるく（集英社新書）
新釈「平家物語」（集英社）
京都　春夏秋冬（光村推古書院）
京都二〇〇一年（共著、かもがわ出版）

松本　章男（まつもと・あきお）
1931年（昭和6年）、京都市に生まれる。京都大学文学部文学科卒。著述業、随筆家。
主な著書は「親鸞の生涯」（大法輪閣）、「法然の生涯」（大法輪閣）、「新釈『平家物語』」（集英社）、「京都　春夏秋冬」（光村推古書院）ほか。

西国観音霊場・新紀行

平成16年5月10日　初版発行

著　者　松　本　章　男
発行人　石　原　大　道
印刷所　三協美術印刷株式会社
製　本　株式会社　若林製本工場
発行所　有限会社　大　法　輪　閣
東京都渋谷区東２－５－36　大泉ビル2F
TEL　(03) 5466-1401（代表）
振替　00130-8-19番

ISBN4-8046-1207-6　C0015